국가와 비밀

- 감춰진 공문서

国家と秘密 - 隠される公文書

한국기록전문가협회는 2010년 출범하여 기록인의 사명을 정립하고 나아갈 방향을 제시하기 위한 기록전문가의 커뮤니티를 지향하고 있습니다. 또한 기록관리 분야의 교육 및 연구, 교류와 협력을 통해 소통에 노력하며, 기록전문가의 권익 보호와 직업윤리의 신장을 통해 우리사회의 민주주의와 기록관리 부문의 발전에 기여하는 것을 목적으로 하고 있습니다.

국가와 비밀
-감춰진 공문서

초판 1쇄 발행   2019년 10월 31일

지은이   구보 도루 · 세바타 하지메
옮긴이   남경호
펴낸이   윤관백
펴낸곳   ☒도서출판 **선인**

등록   제5-77호(1998.11.4)
주소   서울시 마포구 마포대로4다길 4(마포동 324-1) 곳마루빌딩 1층
전화   02)718-6252 / 6257
팩스   02)718-6253
E-mail   sunin72@chol.com
Homepage   www.suninbook.com

정가   13,000원
ISBN   979-11-6068-304-2   93300

· 잘못된 책은 바꾸어 드립니다.

국가와 비밀
- 감춰진 공문서

国家と秘密 - 隠される公文書

구보 도루 · 세바타 하지메 저

남경호 역

역자 서문

    2016년 하반기, 대한민국을 뒤흔든 사건이 발생하였습니다. 최순실 국정농단으로 인한 촛불시위, 탄핵, 그리고 2017년 대통령 선거까지 엄청난 일들이 마치 일상처럼 잇달아 벌어졌습니다. 그 과정에서 국민들은 공정하고 정의로운 사회를 외치며 부당한 국가권력에 저항하였고 마침내 국민의 손으로 정권교체를 이뤄냈습니다. 이러한 일련의 사태는 해외에서도 주목하였고 대한민국 국민의 성숙한 민주주의 정신에 모두 감탄하였습니다.

    역사적으로 보면 국민의 단합된 힘으로 부패권력을 몰아내는 일들이 자주 있었습니다. 1987년 6월항쟁, 1960년 2·28, 3·15, 4·19 민주화운동으로 독재정권을 몰아내었습니다. 성격은 다르지만 IMF 금모으기 운동, 태안 기름유출사고 봉사 등도 국민의 힘으로 국난을 극복한 사례입니다. 이러한 저력을 보여주는 대한민국 국민이 자랑스럽습니다. 하지만 국가위기가 발생하지 않도록 평소에 끊임없이 국가권력을 감시하고 견제하는 것이 좀 더 성숙한 민주주의 사회가 아닐까요? 국회, 감사원, 법원, 검찰 등에 맡기지 않고 국민 스스로 국가권력을 제어할 수 있는 대표적인 장치가 바로 기록관리 및 정보공개 제도입니다.

대통령과 국회의원 등 정치가는 국민의 손으로 뽑습니다. 그들이 마음에 들지 않으면 투표를 통해 교체할 수 있습니다. 그렇기에 정치인은 항상 국민의 눈치를 봐야 합니다. 그러나 행정부인 정부부처의 경우는 어떨까요? 행정부의 수반인 대통령만 잘 뽑으면 행정이 잘 돌아갈까요? 그렇지 않습니다. 일제치하에서 독립운동가를 고문했던 노더술은 대한민국 정부에서 경찰청 간부로 승승장구하였습니다. 대한민국 정부에서 벌어진 인권유린, 정경유착으로 인한 피해를 책임지는 관료는 없었습니다. 상품백화점 및 성수대교 붕괴, IMF 사태 초래, 세월호 참사 등 이와 관련하여 관료가 책임졌다는 얘기는 들어보지 못했습니다. 책임소재를 명확히 밝힐 기록이 없어서 감사원, 검찰, 법원 등도 관료에게 책임을 물을 수가 없었습니다. 그렇기에 기록관리와 정보공개는 중요합니다.

이 책에서는 일본의 기록관리와 정보공개의 부실로 인해 국가권력의 폭주를 막지 못한 사례를 많이 소개하였습니다. 군부의 정보조작으로 제2차 세계대전에 참전하였고 국민들은 전쟁으로 큰 피해를 입었습니다. 기록을 분실하였거나 방치하여 미나마타병의 확산을 막지 못했습니다. 국민연금 납부 기록을 분실하는 어이없는 사건이 발생하여 정권이 교체되기도 하였습니다. 이런 문제를 해결하기 위해서 일본은 정보공개법을 2001년부터 시행하였고, 공문서관리법도 2011년부터 시행하였습니다. 특히 공문서관리법에서는 정부기록이 국민의 것이며 행정기관은 국민에게 업무활동을 설명하는 책임을 가진다고 명시하였습니다. 정보공개와 기록관리 제도를 완비하여 국가권력을 제어할 기반을 마련한 것입니다.

그런데 2017년 일본판 최순실 사태라고 불리는 아키에 스캔들이 발생하였습니다. 아베 총리의 부인인 아키에 여사가 뇌물을 받고 재무성 주도하에 국유지를 헐값에 매각해버렸고, 그 사실이 드러나자 관련 기록을 조작한 사건입니다. 기록관리 제도가 무시되었고 최고 권력자의 입맛에 맞게 국정이 이뤄졌습니다. 이로 인해 아베 총리의 지지율이 추락하고 집권여당의 기반이 흔들렸습니다. 그 소식을 듣고 2016년의 대한민국 상황이 떠올랐습니다.

대한민국과 일본 모두 기록관리 및 정보공개 제도 수립에 많은 시련을 겪었습니다. 그리고 제도 수립 이후에도 제대로 운영되지 못한 채 국가권력의 폭주로 인한 파행을 겪었습니다. 제도의 정상화를 위한 해결책은 무엇일까요? 이 책에서도 여러 번 언급하였지만 기록관리 및 정보공개 제도를 활용하여 국가권력을 견제하는 국민이 필요합니다. 국가가 어떤 일을 하고 있는지 세세한 부분까지 국민들이 알아야 합니다.

저는 기록학을 공부하였고 기록관리 현장에서 근무하고 있습니다. 기록을 다루면서 항상 이 기록은 후대에 어떤 의미가 있을까, 이 기록을 과연 폐기해도 될까 고민의 기로에서 헤매었습니다. 그런 상황에서 우연히 이 책을 접하게 되었고 일본의 기록관리 및 정보공개 사례를 통하여 기록관리 담당자로서의 사명과 책임감을 다시금 확인할 수 있었습니다. 정권의 입맛에 맞는 기록관리는 국가권력의 브레이크 없는 폭주를 도와주는 것과 마찬가지입니다. 이를 기록관리 담당자들은 항상 염두에 두고 일을 해야 합니다.

이 책의 출판을 허락해준 세바타 하지메 씨에게 감사합니다. 그리고 출판 계약 문제를 해결하는 데 적극 도움을 주신 이상민 박사님에게 고마움을 전합니다. 출판 지원을 결정해준 한국기록전문가협회에게도 감사하며, 마지막으로 나의 사랑하는 가족에게 감사의 마음을 전하고 싶습니다.

2019년 10월
남경호

차례

3장: 현대 일본의 공문서관리 실태와 문제점

4장: 공문서관의 국제비교

마치며: 공문서와 함께 사라져가는 행정의 책임과 역사의 진실

서장: 본래 비밀 투성이인 공문서

- 정보공개 후진국 일본

구보 도루

서장: 본래 비밀 투성이인 공문서
- 정보공개 후진국 일본

- 구보 도루

    정부가 감출 필요가 있다고 판단한 일본의 안전보장에 관한 정보를 '특정비밀'로 지정하여, 그 누설에 대해서는 최고 징역 10년이라는 무거운 벌칙을 내릴 수 있는 특정비밀보호법(정식 명칭은 「특정비밀의 보호에 관한 법률」)은 2013년[헤이세이(平成) 25] 12월 6일 자 민당과 공명당 양당이 강행채결하여 제정하였습니다.

    그 조문을 살펴보면 '특정비밀'의 적용범위가 애매하여 광범위로 미칠 우려가 있으며, 또한 정부의 '특정비밀' 지정 판단의 적절성을 전문적인 제3자 기관이 확실히 점검하는 장치도 마련하지 않은 등 매우 큰 문제가 존재합니다. 이래서는 '특정비밀'이라는 명목 하에 정부가 국민에게 중요한 정보를 알리지 않고, 책임도 지지 않으며, 마음대로 국정을 운영할 가능성이 있습니다.

    이 법률이 최근 추진 중인 정보공개 및 공문서의 정리공개라는 시대의 흐름에 역행한다는 사실을 이미 수많은 논자(論者)들이 지적하였고, 필자도 이에 대하여 동의합니다.

그러나 법안에 대한 반대운동 과정에서 나온 '알권리가 침해당한다'는 주장을 접하면서 근현대사 연구자로서 일본의 정보 비공개와 부실한 공문서관리를 매일 통감하는 필자는 어떤 위화감을 느꼈습니다.

침해당한다고 말할 수 있을 정도의 알권리를 일본의 국민이 가지고 있었을까요?

'제2차 세계대전 이전으로 역행'이라고 주장하지만, 전쟁 이후 정보의 공개와 공문서의 이용조건은 전쟁 전에 비해서 얼마나 진전이 있었을까요?

이 책에서는 일본의 행정문서 공개와 보존이용 조건이 어떠한 상황이며 어떤 문제를 갖고 있는지 구체적으로 설명하고, 그에 대한 개선 움직임에 찬물을 끼얹는 특정비밀보호법 제정에 대해 역사적으로 평가하고 앞으로의 과제를 전망하려고 합니다.

1. 정가[1]의 관심 밖인 다케바시(竹橋)[2]

총리의 국립공문서관 첫 방문

국회에서 특정비밀보호법안을 둘러싼 심의가 시작되고 그에 반대

---

1) 가스미가세키(霞が関). 도쿄 치요다구의 관청가. 일본의 관공서가 몰려있는 정치 중심지.
2) 국립공문서관이 있는 지역. 도쿄 다케바시.

하는 목소리가 국회 안팎에서 커져가던 2013년 11월 11일, 아베 신조(安倍晋三) 총리가 치요다구(千代田區) 다케바시(竹橋)에 있는 국립공문서관을 돌연 방문하여 해당 시설과 전시 내용, 내부의 서고 등의 업무를 시찰하는 "사건"이 있었습니다. 언론보도에 따르면 일본 헌법의 원본 등을 보고 돌아온 총리는 '역사적인 문서를 적절히 공개하고 있다는 인상을 받았다'고 언급하였습니다.

1971년[쇼와(昭和) 46]에 설립된 국립공문서관은 역사적으로 중요한 행정문서 공개 및 그 보존이용을 담당하는 국가의 중심적인 시설입니다. 행정문서의 취급에 깊이 관여하는 특정비밀보호법안을 성급하게 만들어 국회심의에 올린 후 국립공문서관을 시찰한 것은 '도둑을 잡아놓고 새끼를 꼬다[3]'와 같은 대응일 뿐입니다.

그러나 국립공문서관이 있는 다케바시(竹橋)가 총리 관저가 있는 나가타쵸(永田町)[4]와 관청가인 가스미가세키(霞が関)[5]로부터 얼마 떨어지지 않는 장소임에도 불구하고, 현직 총리의 국립공문서관 시찰(전시의 '관람' 등은 전례가 있다고는 하지만)은 실로 42년 전 국립공문서관이 건립된 이래 처음인 사건이었습니다. 그 정도로 현대 일본의 정치에서 공문서의 취급은 관심 밖이었습니다.

---

3) 우리나라 속담 '소 잃고 외양간 고친다'와 같은 의미.
4) 도쿄 치요다구 남단에 있는 지구. 국회의사당·수상 관저가 있어서 막연히 정계를 뜻하는 말로도 통용됨.
5) 도쿄 치요다구 남단 일대. 외무성을 비롯한 여러 관청이 있음.

없는 게 당연한 경제재정 문서

지역개발과 환경보호, 연금문제, 조세문제 등 국민생활과 직접 관련된 경제재정 정책에 대하여 그 정책이 결정된 이유와 배경, 혹은 그 실시상황을 과거로 거슬러 올라가서 검토하려면 당연히 경제산업성, 농림수산성, 환경성, 후생노동성, 재무성 등의 공문서를 조사해야 한다고 누구나 생각할 겁니다.

실제로 각각의 정부부처는 과거 막대한 양의 문서를 만들었습니다. 그러나 국립공문서관을 방문해도 그러한 문서는 거의 찾아볼 수가 없습니다.

왜냐하면 보존해야 하는 문서를 선별하여 공문서관으로 체계적으로 이관하지 않았기 때문입니다. 최근 들어 『상공정책사(商工政策史)』, 『통상산업정책사(通商産業政策史)』 편찬에 이용된 문서 등이 겨우 이관되었지만, 그것은 어디까지나 경제재정 관련 문서 중에서 빙산의 일각일 뿐입니다.

그러면 나머지 문서는 어떻게 되었을까요? 그 중 일부를 각 부처 및 관료 개인이 보관하고 있을 뿐이며 대부분 폐기하였습니다. 그로 인하여 예를 들어 수질오염과 대기오염에 의한 건강피해에 대해 관련 행정기관과 개개의 업무담당자가 어떠한 정보를 근거로 어떠한 정책판단을 해왔고 책임소재는 어디에 있는지는 거의 알 수가 없으며, 지금도 그러한 실정입니다.

행정기관의 문서은닉이 문제가 된 사건으로는 야쿠가이 에이즈(藥害エイズ) 사건이 있습니다.

이것은 1980년대에 혈우병 환자 치료에 비가열 혈액 제제가 사용되어 다수의 HIV 감염자 및 에이즈 환자를 만들어버린 사건이며, 후생성(현재 후생노동성)의 의약행정 책임이 크게 부각되었습니다. 그리고 1989년(헤이세이 0)부터 민사재판이 시작되었는데, 1996년(헤이세이 6) 1월부터 4월까지 잇달아 후생성 창고에서 관련 문서가 발견되어 공개되었습니다. 이로 인해 국가의 행정책임이 명확해졌습니다.

만약 해당 문서가 정리되어 필요에 따라 열람할 수 있는 상태였더라면 재판은 조기에 끝났을 가능성이 높았을 것이며, 처음부터 재판을 할 필요도 없었을 것입니다.[1]

미나마타병(水俁病)[6]의 사례도 있습니다. 이미 1952년(쇼와 27)에 미나마타시(水俁市) 어업협동조합의 요청을 받은 구마모토현 수산과 담당자가 칫소(チッソ: 당시 회사명은 신일본 질소비료주식회사)의 폐수를 조사하였고, 그 보고서에서 수질오염의 위험성을 지적하였습니다. 만약 이 보고서가 공문서관리의 원칙에 따라 공개되었더라면 미나마타병의 심각한 피해를 막을 수도 있었을 것입니다. 그러나 유감스럽게도 이 문서는 알려지지 않았고, 공문서관 등에 보관되지도 않아 충분히 활용할 수 없었습니다.[2]

이처럼 정보공개와 공문서관리가 함께 작용되지 않는 상황이라면 정부에 책임을 물을 수 없고, 정부가 책임지지도 않을 것입니다. 결국에는 국민의 이익에 반하는 결과가 초래될 수 있습니다.

---

6) 1953년부터 구마모토현 미나마타시 해변 주변에서 집단 발생한 수은 중독성 신경질환.

4장에서 자세히 다루겠지만, 서구에서는 그러한 문제와 관련된 공문서를 공개하여 누구나 열람할 수 있습니다. 그렇기 때문에 각 행정기관 및 개개의 관료도 강한 책임감을 갖고 행정판단을 할 수밖에 없습니다.

지지부진한 제2차 세계대전 이후 외교문서 공개

그러나 일본의 공문서 공개가 전혀 이뤄지지 않는 것은 아닙니다. 특히 국가외교에 관한 외교문서는 1958년(쇼와 33)이라는 비교적 빠른 시기에 제2차 세계대전 이전 외교문서를 연구자에게 공개하였습니다. 그리고 1971년 국립공문서관 개관과 동시에 외무성 관할의 외교사료관이 만들어져서 외교문서의 공개·이용을 담당하였습니다. 메이지(明治) 이후의 외국과의 조약과 협정, 그것이 성립하기까지의 교섭과정, 재외공관으로부터의 외국동향 보고 등 외교정책의 결정과 그 실시에 관한 다양한 문서를 외교사료관에 보관하여 일반인 열람에 제공합니다. 단, 그 외교문서의 공개·이용은 실제로는 많은 제약이 따릅니다.

1920~1940년대의 중일관계를 예로 들자면, 중국 현지에 있던 영사관 등의 보고가 꽤 남아있는 반면 외무성에서 영사관으로 보낸 지시가 체계적으로 보존되어 있지 않아 일본의 대중국 외교의 전체상을 파악하는 게 쉽지 않습니다.

특히 1945년(쇼와 20) 이후의 문서는 조금씩 공개가 이뤄지고 있다고는 해도 그 범위는 극히 한정되어 있습니다. 결국 제2차 세계대전 이후의 일본 외교에 대한 현대사 연구는 자국의 사료를 충분히 이용할 수가 없어서 미일관계에 대해서는 미국의 외교문서에 의지하여 연구를 진행하고, 일본과 대만 관계에 대해서는 대만 측의 문서로 연구를 진행하고 있습니다. 이것으로는 일본 측의 입장과 정책 판단, 책임소재 등을 명확히 밝힐 수가 없으며 역사적 평가를 내리는 것도 어려울 수밖에 없습니다.

2. 정보 비공개의 근현대 일본

만주사변 발발 시의 정보 은폐

공문서의 비공개는 오늘날 시작된 것이 아닙니다. 중요한 정보를 공개하지 않았기 때문에 제2차 세계대전 이전부터 국민은 몇 번이나 믿는 도끼에 발등을 찍혔습니다. 예를 들어 일본을 전쟁의 길로 억지로 끌어들인 1931년(쇼와 6)의 만주사변이 있습니다.

물증과 관계자 증언에 따르면, 만주사변의 계기가 된 9월 18일 유조호(柳条湖)에서의 철도폭파 사건은 일본군(만주 주둔 관동군)의 모략이었다는 것이 이미 역사적 사실로 드러났습니다. 일본의 권익(權益)이었던 철도노선(남만주 철도주식회사 노선)을 일본군 스스로 폭파하여 그것을 중국군의 소행으로 속였고, 그 허위사실을 구실로 '중국을 응징한다'라는 군사행동을 개시한 것입니다.

군은 그것을 비밀로 하였습니다. 그러나 폭파가 일본군의 모략일 거라는 관측은 당시 외교관 등의 연락을 통해 일본정부에 전달되었습니다. 그럼에도 불구하고 그 정보는 제2차 세계대전이 끝날 때까지 공개되지 않았습니다.

만약 그러한 정보를 비밀로 숨기지 않고 모략에 의한 전쟁이라는 사실을 국민이 알았더라면, 만주사변에 대한 국민의 열광적인 지지는 당연히 사라질 것이며 정치에 대한 군부의 영향력도 틀림없이 감소되었을 것입니다. 정보를 확실히 공개하였으면 일본은 전쟁의 길을 걷지 않았을지도 모릅니다.

태평양전쟁 직전의 전력비교

위와 비슷한 사태가 1941년(쇼와 16) 대미영전쟁(對米英戰爭)을 시작할 때에도 발생하였습니다. 가토 요코(加藤陽子: 도쿄대 교수/역사학)가 지적한 것처럼 태평양전쟁 개전 전에 해군은 미국·영국과 전투할 경우 격침당할 가능성이 있는 선박의 피해를 추산하였습니다. 그런데 그것을 축소하여 보고하였습니다. 그리고 의회에서 국방방침 등에 대해 질의받을 때에도 '군사기밀'을 이유로 예상 피해규모를 밝히지 않았습니다.[3]

그 결과 의회에 있던 의원들은 물론 정치가와 관료도 대다수의 국민도 전쟁을 시작해도 일본이 충분히 감당할 수 있으리라는 환상에 빠져 안일하게 전쟁 결정을 내리고 말았습니다. 국가의 정책결정을 좌우하는 정보를 비밀로 하고 검증도 하지 않아서 어떠한 결과가 초래되었는지 생각해볼 필요가 있습니다.

오키나와 반환 밀약

1972년(쇼와 47) 오키나와 반환 시 벌어진 '핵밀약' 사건도 정보공개의 낙후가 일본의 평화와 안전을 위협한 전형적인 사건이었습니다. 핵밀약은 오키나와 반환교섭 과정에서 1969년(쇼와 44) 11월에 미일 간에 성립된 합의로서 유사시에 오키나와로 핵병기를 가지고 들어오는 것을 승인한 내용입니다. 이 합의 내용은 1968년(쇼와 43) 일본정부가 선언한 '핵병기를 갖지 않고, 만들지 않고, 들여오지 않는다'라는 비핵 3원칙과 모순된 내용이었기 때문에 국민에게는 비밀로 하였습니다. 하지만 교섭 당시부터 그러한 합의가 미일 간에 존재할 것이라는 의혹이 제기되었고, 1994년(헤이세이 6)에 교섭관계자가 그 존재를 밝히고 나서 더욱 문제가 커졌습니다.4

그 후 여론의 비판을 받아서 설치된 외무성의 전문가위원회도 2010년(헤이세이 22) 3월에 합의 회의록(議事錄)의 존재를 확인하는 보고서를 만들었습니다.5 만약 정보공개 제도가 정비되어 있었다면 더욱 빨리 정확한 정보를 얻어서 오키나와 반환 후에 벌어진 다양한 사태에 대해서 좀 더 올바르게 대응해나갔을 것입니다.

위에서 언급한 것처럼 행정정보의 불투명성과 공문서의 엉성한 관리는 책임소재를 애매하게 만들뿐만 아니라, '국익'이라는 점에서 비추어 볼 때 틀림없이 국민의 이익을 손상시키는 것으로 이어집니다.

다음은 일본의 공문서관리와 정보공개의 동향이 어떤지 살펴보겠습니다.

3. 한참 뒤쳐진 정보공개

뒤쳐진 공문서관 정비

일본에서 국립공문서관의 설립은 1971년이며, 공문서관을 지자체까지 정비해나가기 위한 공문서관법이 제정된 것은 1987년(쇼와 61)입니다. 그리고 정보공개법을 참고하여 「공문서 등의 관리에 관한 법률」(이하, 공문서관리법)을 만든 것은 2009년(헤이세이 21, 2011년 시행)입니다. 유감스럽지만 이것은 세계 각국과 비교하면 현저하게 늦은 움직임입니다.

자세한 것은 제4장에서 서술하겠지만, 예를 들어 프랑스에서는 프랑스혁명 다음해인 1790년에 국립공문서관을 설립하였습니다. 이것은 구체제의 문서를 보관하는 것과 동시에 혁명정권이 제정한 공문서들을 체계적으로 보관하고 공개하기 위한 것입니다. 영국에서는 1838년에 공문서관법(Public Record Office Act)을 제정하고 1858년에 최초의 공문서관을 설립하였습니다. 연방정부 수준에서의 대응이 늦었던 미국에서도 1934년에 국립공문서관법(National Archives Act)을 시행하고, 다음해 국립공문서관을 개관하였습니다. 미국의 경우 공문서관의 직원 수는 2,720명, 영국은 600명, 프랑스는 570명입니다(2014년 5월 현재). 일본은 47명6으로 외국과 비교하면 현격한 차이가 나며, 비상근 직원을 추가해도 150명 정도에 불과합니다(2014년).

서구뿐만 아닙니다. 의외라고 생각할 수도 있겠지만 옆나라 중국도 공문서관 자체는 일찍부터 정비하였습니다. 중앙정부와 공산당의 문서를 보관하는 중앙당안관, 명·청 시대 문서를 보관하는 제1역사당안관, 중화민국 시대의 문서를 보관하는 제2역사당안관이라는 3개의 기관에 2002년도에 이미 557명(단, 제1역사당안관만 2003년)이 근무하고 있습니다.

일본의 공문서관이 설립년도 뿐만 아니라 직원 수에서도 현저히 뒤쳐진 것은 확실합니다.

뒤처진 정보공개법 제정

1970년대 이후 전 세계적으로 정보공개 제도의 정비가 진행되었고, 이는 공문서관의 존재와 밀접하게 관련됩니다. 행정기관의 정보 중에서 매일 업무에 이용되는 문서(현용기록 Current Records)가 아닌 역사적 공문서를 보존·공개하는 곳이 공문서관입니다. 이에 비하여 역사적 공문서뿐만 아니라 현용기록도 적절한 형태로 공개하기 위한 체계가 정보공개법입니다. 이 부분에서도 일본은 뒤쳐졌습니다.

1960년대 중반부터 80년대 초반에 걸쳐 서구 각국에서는 미국의 정보자유법(1966년), 프랑스의 행정공중관계개선법(1978년), 캐나다의 정보엑세스법(1982년), 오스트레일리아의 정보자유법(1982년) 등 행정기관의 정보공개를 제도화하는 움직임이 확산되었습니다. 한편 일본 국내에서도 원자력 발전소 건설, 교육, 식품 안전성, 기업의 접대비 등 사회문제에 대해 활발히 전개된 시민운동과 주민운동 과정에서 행정기관에 정보공개를 요구하는 목소리가 높아졌습니다.

그러한 조류를 배경으로 1982년(쇼와 57) 가나가와현이 지방자치단체로는 실질적으로 처음 정보공개 조례를 제정하고 그 움직임은 1996년까지 전국 도도부현(都道府県)[7]으로 확산되었습니다(날짜로는 야마가타현 가네야마마치(金山町)의 제정이 먼저였습니다. 제2장 참조). 같은 해인 1996년에 정부도 정보공개법 요강안을 만들었고, 1999년(헤이세이 11)에 「행정기관이 보유한 정보의 공개에 관한 법률」(이하, 정보공개법)이 성립되었습니다(2001년 시행). 그러나 '알권리'라는 단어가 명기되지 않았고 공개·비공개 구분도 애매모호한 불충분한 내용이었습니다. 서구 국가보다 20년 가까이 늦었지만 일본에서도 정보공개의 체계가 겨우 정비되었습니다.

중요한 정보의 은폐를 허용하면, 정치권력은 브레이크 없이 폭주한다

일본은 2001년(헤이세이 13) 정보공개법의 시행, 2011년(헤이세이 23) 공문서관리법의 시행으로 행정정보의 공개와 보존에 관한 체계를 겨우 갖췄습니다. 그러나 2013년 특정비밀보호법이 국회에서 강행처리하여 성립되었습니다. 일본의 정보공개와 공문서관의 정비는 세계 흐름에 한참 뒤처져서 쫓아가기 바쁜 상황인데 특정비밀보호법으로 제동을 걸어서 어떻게 하려는 걸까요?

---

7) 일본의 광역자치단체 행정구역. 1개 도(東京都), 1개 도(北海道), 2개 부(京都府, 大阪府), 43개 현(県)으로 구분.

다시 말하지만, 내각이 이끄는 행정이 '비밀보호'란 명목으로 정책 결정과정 및 그에 관한 책임을 밝히지 않고 국민에게 중요한 정보를 은폐할 수 있으면 정치권력은 거칠 것 없이 폭주할 것입니다. 그것은 역사에서 확인할 수 있는 사실입니다. 근현대 일본의 역사를 살펴보면 무모하고 비참한 결과를 초래한 제2차 세계대전을 결정하였으며, 국민의 안전과 긴강을 고려하지 않은 행정을 시행하여 야쿠가이 에이즈(藥害 エイズ)와 미나마타병(水俣病)의 참화, 후쿠시마 제1 원전 폭발사고 등을 초래하였습니다. 그 결과 수많은 사람들의 생명과 재산이 상실되었습니다.

그것을 더 이상 반복할 수는 없습니다.

이 책은 정보 비공개가 초래한 과거의 비극을 다시 살펴봄과 동시에 공문서의 보존·공개에 관한 현행 법체제의 내용, 문제점, 특정비밀보호법과의 관계를 밝히고, 특정비밀보호법의 폐지도 전망하면서 앞으로의 방향을 논의할 것입니다.

1장: 버려지는 공문서

- 일본의 공문서관리 역사

세바타 하지메

1장: 버려지는 공문서
- 일본의 공문서관리 역사

1. 패전 시기의 문서 소각

불타버린 공문서

검은 재가 공중에 흩날리고 있다. 종이를 태우고 있는 게 틀림없어. - 도쿄에서 돌아온 나가이[龍男] 군의 이야기에서는 도쿄에서도 여러 곳에서 한창 종이를 태우고 있고 하늘이 검은 재투성이었다고 한다. 철도에서도 서류를 태우고 있다. 전투대 조직에 관한 서류 같다고 한다.1

1945년 8월 16일, 가마쿠라(鎌倉)에 살았던 작가 다카미 준(高見順)은 여러 곳에서 종이가 타고 있다는 말을 일기에 썼습니다. 도쿄 뿐만이 아니라 가마쿠라(鎌倉)에서도 검은 재가 떠다니고 있다고 하였습니다.

30 국가와 비밀 - 감춰진 공문서

8월 14일 일본은 포츠담선언을 수락하고 패전이 결정되었습니다. 포츠담선언에는 연합국에 의한 점령과 전쟁범죄자 처벌이 명기되었기 때문에 전쟁에 크게 관여한 사람들은 책임추궁을 두려워했습니다.

그래서 그들이 선택한 것은 '증거를 은폐한다'였습니다. 각의(閣議)[8]에서 기밀서류의 소각이 결정되고, 육군을 비롯한 정부 중추뿐만 아니라 시정촌(市町村)[9] 단위에 이르기까지 전쟁과 관련된 기밀서류를 소각하는 통지(通達)가 전달되었습니다.[2]

예를 들어 헌병대에서는 '적에게 넘기면 해가 되는 것'으로 방첩과 사상, 치안관계 문서 및 국력의 판단을 가능하게 하는 모든 자료는 불태우도록 하였으며, 방공호 등의 통풍을 이용하여 신속하게 태우는 방법도 알려줬습니다.[3] 일왕에 대한 책임추궁을 피하기 위해서인지 일왕에게 상시 봉사하는 시종무관부(侍從武官府)의 상주(上奏)[10]자료도 불타버렸습니다.

군사사(軍事史) 연구자인 다나카 히로미(田中宏巳)는 육해군이 '남기는 것으로 결정한 문서류를 제외하고 소각을 피한 것은 아마 0.1%도 안 될 것이다'라고 추정하였습니다.[4]

한편 외무성에서는 패전이 결정되기 전부터 문서의 소각을 시작하였습니다. 애초에 1945년 5월 공습으로 청사가 소실되어 문서고 및 미리 피신한 문서를 제외한 대부분의 문서(약 2만 권)가 사라졌

---

8) 내각이 그 직무를 수행하기 위하여 개최하는 회의. 우리나라의 국무회의에 해당.

9) 우리나라의 시읍면(市邑面)에 해당하는 일본의 지방 기초자치단체 행정구역.

10) 대신(大臣)·국회·관청에서 일왕에게 말씀을 아룀.

습니다. 그리고 미군이 상륙작전을 하면서 압수하는 것을 피하기 위해 6월 하순부터 문서의 정리를 시작하여 '비교적 최근이며 기밀도가 높은' 문서를 7월 말부터 소각하였습니다. 최종적으로 패전 직전까지 소각된 문서는 약 8,000권에 이른다고 합니다.[5]

시정촌 단위에서는 징병사무 등을 담당한 병역담낭 부서의 문서가 주로 소각 대상이었습니다. 이 소각 관련 통지는 문서로 전달된 경우도 있으나 증거를 남기지 않기 위해 구두로 전달된 경우도 많았습니다. 이 때문에 징병과 소집, 동원관계 문서가 대량으로 소각되고 말았습니다.

병역담당 부서 직원 중에는 문서를 남겨야 한다는 사명감을 가지고 중요하지 않은 문서를 대신 소각하여 남들의 눈을 속이고 중요한 문서를 자택에 숨기기도 하였습니다. 또한 혼란기였기 때문에 소각 대상 문서를 제한적으로 지시하였거나, 소각 지시가 제대로 전달 안 되어서 이후에 자료로 발견되어 연구에 이용되는 경우도 있습니다.[6]

이 당시 기밀서류 소각으로 인하여 전사자가 구체적으로 어디서 전사한 것인지 모른다거나 학도병 참전에 응소한 학생의 정확한 숫자가 집계되지 않는 등 여러 정보를 알 수 없게 되었습니다.

이 나라에서는 국가의 명령으로 전쟁터로 달려가 전사한 병사들의 정보조차 거의 남아 있지 않은 상태입니다.[7]

감춰진 공문서

이 시기에 육해군 일부 장교가 중요한 공문서를 숨겼습니다. 그들은 연합군의 점령이 끝난 후에 전쟁의 정당화를 도모하기 위한 저작을 집필할 생각이었습니다. 그래서 최고기밀 문서를 갖고나와 드럼통에 집어넣는 등의 방법으로 자택에 숨겼습니다. 이 중에는 육군에 대한 일왕의 최고통수명령(最高統帥命令)인「대륙명(大陸命)」이나 해군의 최고통수명령인「대해령(大海令)」도 포함되어 있습니다. 이는 군인 신분이 사라진 단순 개인이 공문서를 갖고나와 사유화한 것과 다름없습니다.

육군이 숨긴 자료는 연합군의 점령이 끝나고 전 대좌(大佐)[11]인 핫토리 다쿠시로(服部卓四郎)에 의해『대동아전쟁전사』(鱒書房, 1953)로 발간되어 전쟁의 정당화를 위해 사용됩니다. 그 후 은닉자료의 대다수는 현재 방위성 방위연구소에 기증되었지만, 오랫동안 일반에게 공개되지 않고 군인 출신 일부가 이용을 독점하였습니다(현재는 일반에게 공개하고 있습니다). 또한 해군의「대해령」도 재단법인 사료조사회(史料調査会)가 오랫동안 소유하다가 2005년(헤이세이 17)에 원본이 방위성에 기증되었습니다. 그 전까지 해군의 최고기밀 문서를 일반 재단법인이 보관하고 있었던 것입니다.

도쿄재판

공문서의 대량 소각과 은닉은 당연하게도 전쟁범죄의 추궁에 큰 영향을 끼쳤습니다. GHQ[12]는 전쟁범죄에 관한 조사를 철저하게 하

11) 한국의 대령에 해당.
12) 연합군 총사령부. 1945년 제2차 세계대전 후 대일 점령 정책을 실시하기 위

였고 내무성의 특별고등경찰 문서 등 다양한 공문서를 점령군이 압수하였습니다. 그러나 최고기밀 문서 대부분은 이미 불타버렸고 증거 수집에 애를 먹었습니다.

독일에서는 국내로 침공한 연합군이 각지에서 문서를 압수하였기 때문에 나치스의 전범행위를 입증하는 증거를 입수할 수 있었습니다. 그러나 점령까지 2주 정도의 시간이 걸렸던 일본에서는 압수 타이밍을 놓쳤습니다.

따라서 GHQ는 전범재판을 위한 증거 수집을 일본인 관계자 심문에서 얻은 정보에 의존할 수밖에 없었습니다. 이 때문에 일본 측은 심문 등에 적극 협력하는 것으로 재판의 향방에 큰 영향력을 미칠 수 있었습니다. 실제로 일본인의 증언은 일왕의 책임을 면하게 하고 육군에게 전쟁책임을 떠넘긴다는 명확한 방향성을 가지고 있었습니다. 즉, 증거를 은폐했기 때문에 이것이 가능하였습니다.

문서는 버려진다

그러면 공문서의 폐기가 어떻게 가능했던 것일까요? 공문서는 '자신들의 것'이고 마음대로 폐기해도 상관없다고 그들은 생각했기 때문입니다. '자신들에게 필요 없는 문서를 버린다'라는 것은 그들에게 지극히 당연한 발상이었습니다.

문서 폐기는 특별히 패전 시기에 갑자기 발생한 것은 아닙니다.

___

하여 도쿄에 설치하였던 관리기구. 1952년의 대일강화조약 발효 시까지 일본을 지배.

사실 그 이전부터 당연한 것처럼 폐기하였고, 패전 후에도 오히려 대량의 폐기가 일상적으로 벌어졌습니다. 그것이 그들의 '상식'이었고 버리는 것에 악의는 없었습니다. 문서가 사무실에서 넘쳐나면 필요 없다고 판단한 문서를 닥치는 대로 버렸습니다.

관료와 정치가 중에서는 공문서를 집으로 가져간 사람도 많습니다. 오히려 관료와 정치가의 사문서에 포함되었기 때문에 오늘날까지 존재한 공문서가 산처럼 많습니다. 일본 근현대 정치사 연구자 사이에서는 '공문서에는 중요자료가 제대로 남아있지 않다. 유족 주변을 돌면서 사문서를 수집하는 것이 중요하다'라는 인식이 '상식'일 정도였습니다.

예를 들면 2014년(헤이세이 26) 8월 14일자 『도쿄신문』에서는 전 외무사무차관(제2차 세계대전 중에는 모스크바 대사관에 근무)이었던 다케우치 류지(武內龍次)의 유품에서 1943년(쇼와 18)에서 45년까지의 외무성과 모스크바 일본대사관 사이에 오갔던 비밀전문 파일철을 발견하였다고 보도하였습니다. 이 자료에 의해서 1944년(쇼와 19) 5월에 시미게쓰 마모루(重光葵) 외무장관이 사토 나오타케(佐藤尚武) 주소련대사에게 소련을 중개로 하는 대중화평 교섭이 가능한지 문의한 사실을 새롭게 알 수 있었습니다. 파일철 표지에 '비상소각'이라고 적혀있었던 것으로 봐서 패전 직전에 소각될 운명이었던 기록을 은닉한 것으로 추정됩니다. 만약 다케우치가 은닉하지 않았으면 불타버렸을 가능성이 높았다고 생각합니다.

어째서 이러한 공문서의 자의적인 취급이 일본에서는 통용되었던 것일까요?

2. 제국헌법에서의 공문서관리 제도

관료제와 문서

애초에 관료제라는 것은 '문서'와는 필수불가결한 관계입니다. 입헌세도가 이루어진 근대국가에서는 행정을 담당하는 관료들은 기본적으로 법률에 근거하여 업무를 수행해야 합니다. 때문에 행정업무는 '문서'에 의해 최종적인 결정을 하고 그 기록은 반드시 보존해야 합니다. 법이라는 규칙에 근거하여 업무를 제대로 하고 있는지를 기록으로 남길 필요가 있기 때문입니다.

즉, 문서를 어떻게 관리하는가는 관료제와 반드시 연계된 문제였습니다. 메이지 유신 직후에는 문서를 만드는 것뿐만 아니라 그것을 나중에 참고할 수 있도록 편찬하는 것도 중요한 업무로 인식하였습니다. 자신들이 새롭게 국가를 만들고 있다는 자부심이 기록에 대한 관심을 갖도록 한 것도 있겠고, 향후 업무에 참고하려는 생각도 있었을 것입니다.

그러나 관료제가 정비되고 정치가 더욱 복잡해지자 필연적으로 문서의 양은 증가하였습니다. 또한 메이지 초기의 태정관제도(太政官制度)에서는 중요사항은 모두 태정관의 결재를 받아야 했으므로 문서 결재에 막대한 시간이 걸리게 되어 사무 비효율이 큰 문제였습니다. 이것은 이토 히로부미(伊藤博文)가 내각제를 도입한 이유이기도 하였습니다.

초대 내각총리대신인 이토는 취임 직후에 「관기오장(官紀五章)」

이라는 사무정리 강령을 각 부처에 보냅니다. 그 중 1장에는 '번문을 줄이는 일'이 명시되어 있습니다. 이것저것 할 것 없이 모두 문서를 만들고 상사의 의견을 구하기 때문에 사무가 밀리고 인원이 쓸데없이 필요하게 되는 등의 폐해가 발생하므로 내용의 경중에 맞는 응답 기간을 마련하여 상대에게 문서를 보내는 등의 방식으로 더욱 효율적으로 문서를 정리하도록 지시한 내용입니다.

총리가 이토록 세세하게 업무방식까지 거론하는 게 이상하다고 생각하겠지만 역으로 생각하면 그렇게까지 구체적으로 지시를 내리지 않으면 속수무책인 상황이었던 것이겠죠. 내각제의 목표는 각 장관에게 문서결재의 권한을 분산시켜서 책임을 가지고 확실하게 업무를 담당하도록 했던 것에도 중요한 의미가 있었습니다.

수직관계의 행정

1885년[메이지(明治) 18] 내각제도를 만든 이토는 당초에 '대재상주의(大宰相主義)'라는 방침을 채택하여 내각총리대신을 다른 대신 위에 두고 강력한 리더로서의 위치를 부여하려고 하였습니다. 그러나 이토와 함께 유신을 위해 싸워온 정치가들은 동년배로 보이는 라이벌에게 명령받는 것을 싫어하였습니다. 또한 메이지 유신은 막부에서 일왕으로 '대정을 봉환(大政奉還)[13]'하고 일왕이 통치권을 가지는 '신무창업(神武創業)'의 시대로 돌아가는 것을 목적으로 하였습

---

13) 1867년 11월 에도막부가 정권을 일왕에게 반환.

니다. 그래서 막부와 비견되는 보좌기관을 만드는 것에 거부반응도 컸습니다.

따라서 대일본제국헌법은 일왕을 통치권의 총괄자인 대원수(大元帥)로 하고 각 대신은 일왕을 제각각 '보필(輔弼)'(조언)하는 「단독보필제도(單獨輔弼制度)」를 채택하였습니다. 내각의 규정은 헌법 내용에는 일체 들어가지 않으며 내각총리대신은 어디까지나 '동년배 중에 상석'이라는 위치를 부여하여 다른 대신을 파면할 권리조차 가질 수 없었습니다. '일왕→대신→관료'라는 수많은 종적인 선으로 구성된 전형적인 수직관계의 조직으로 관료제를 정비하였습니다.

그리고 이 정치제도에 문서관리도 큰 영향을 받았습니다. 내각제 발족 직후인 1886년(메이지 19)에 「공문식(公文式)」을 만들어 법률과 칙령 등의 제정절차를 통일화하였습니다. 한편으로 문서관리의 규칙은 각 기관에 일임하였습니다.

보존연한 제도

이때부터 각 부처의 문서관리규칙에 「보존연한 제도」가 포함되기 시작하였습니다. 이토가 언급한 것처럼 이미 문서가 각 부처에 넘쳐나서 업무효율을 심각하게 떨어뜨렸습니다. 때문에 중요한 문서는 '영구보존'으로 그 이외는 보존연한을 부여하여(10년, 5년… 등) 그 기한이 도래하면 폐기하는 체계를 도입하였습니다.

이 보존연한 제도 자체는 특별히 문제가 있는 제도는 아닙니다. 현재 회사에서 근무하는 분들은 매우 당연하게 그러한 제도에 따라

업무를 하고 있을 것입니다. 필요가 없어진 문서를 정리하여 처분하는 것은 업무를 효율적으로 수행하기 위해서는 필수불가결한 작업입니다.

다만 여기서 문제가 되는 것은 '무엇을 남길 것인가'라는 선택입니다. 당시 관료들은 '일왕의 관리'이며 국민에 대한 설명책임을 갖지 않았습니다. 물론 일왕에 대한 설명책임은 있었겠지만 실제로는 일왕이 직접 물어본 경우는 중요한 국가정책 정도뿐이어서 설명책임이라는 개념은 희박하였을 거라고 생각합니다.

결과적으로 그들은 '자신들의 업무에 필요한 문서는 남긴다'라는 방침으로 나아가기 십상이었습니다. 그 경우에 남는 것은 업무를 하기 위해 필요한 '결재문서'와 자신들의 인사기록 위주였습니다. 후세의 역사연구자가 알고 싶은 것은 그 정책이 어떻게 결정되었는지의 '과정'입니다. 그러나 결정된 바대로 행정이 이뤄지는 이상 그것을 결정하기까지의 문서는 불필요한 것으로 여겨져 대부분 버렸습니다.

외교문서의 특수성

외무성은 외교문서의 '공개'라는 문제를 국제사회와의 관계와 연계하고 있습니다. 1917년 러시아혁명 직후에 혁명정부는 공산주의를 퍼뜨리기 위하여 러시아 제국이 가진 비밀외교문서를 폭로하고 영국 등의 제국주의 국가의 뒷거래 실태를 세상에 알렸습니다. 또한 제1차 세계대전에서 패배한 독일은 자국만 전쟁책임을 지는 것에 반발하여 자국의 외교문서를 편찬한 외교자료집을 출판하였습니다.

이 때문에 각국 외교부 중에서는 의회에 매년 보고서를 제출하는 (영국의 보고서가 파란색 표지였기 때문에 '청서(靑書)'라고 칭함) 등 다른 나라와 주고받은 외교문서를 공표하는 것을 규칙화한 경우도 있습니다.

일본 외무성도 정부요인으로 배부가 한정되어 있다고는 해도 그 해의 조약 등을 정리한 『외무성 공표집(外務省公表集)』을 1922년[다이쇼(大正) 11]부터 매년 발행하였습니다. 또한 1936년(쇼와 11)부터는 메이지 초기부터의 외교문서를 순서대로 편집한 『대일본 외교문서(大日本外交文書)』를 발간하였습니다.

현재 일정기간이 경과한 외교문서를 원칙적으로 공개한다는 국제사회의 규칙은 이때부터 시작되었습니다. 불충분하다는 비판은 있어도 일본의 정부부처 중에서 가장 오랫동안 역사자료 공개를 진행해온 곳은 외무성입니다. 그것은 국제사회의 문서공개 규칙에 부합해야 하는 사정이 있기 때문입니다. 상대국에서 문서가 공개될 때에 자국의 문서를 공개하지 않으면 상대방 입맛에 맞는 역사관이 쏟아져나오는 것을 막을 수 없습니다.

그리고 중요문서는 없어졌다

외무성은 교섭과정이 남아있지 않으면 업무에 지장이 있기 때문에 문서과에서 문서를 정리하여 관리하고 있습니다. 전례를 중시하는 궁내성(宮內省)도 문서를 확실히 보존하는 부서가 존재하여 중간과정의 문서를 남기기 쉬웠습니다.

이처럼 업무상 중간과정을 남길 필요가 있는 부처에서는 문서를 남깁니다. 궁내성에서도 패전 당시 기밀문서를 소각하였습니다. 하지만 지쥬(侍從)[14]였던 도쿠가와 요시히로(德川義寬)의 1945년 8월 21일경 일기에 따르면 '보관서류 때문에 죄가 생기는 사람이 나오면 안 되기 때문에 소각, 단 최소한에 그쳤다'[8]고 하여 문서를 지키려는 의식이 강했던 것을 알 수 있습니다. 외무성은 당시에 문서를 소각해버렸지만 그 후 마쓰모토 다타오(松本忠雄) 전 외무정무차관이 중요문서를 참고용으로 필사한 것이 알려졌습니다. 이 사본을 통해 최대한 기록의 복원을 도모하고 있습니다.

또한 대학진학률이 1퍼센트도 안되던 그 당시의 대졸 엘리트 관료들 중에서는 자신들의 업무를 역사에 남기려는 생각을 가진 사람도 있었습니다. 그 당시엔 정보공개 등은 신경 쓰지 않고 문서를 만들었기 때문에 문서정리를 확실히 하는 사람이 있으면 문서가 정리되어 오늘날까지 남겨진 경우도 있습니다. 하지만 이는 희박한 확률일 뿐이며 우연에 불과합니다. 조직적으로 확실하게 문서를 남기는 것을 철저히 해온 부처는 소수이며 대부분은 중간과정의 문서는 버리고 결재문서만 산더미처럼 남겼습니다.

독자 분들에게 당부해두고 싶은 것은, 제2차 세계대전 이전 공문서가 제대로 남아있지 않은 이유는 결코 패전 시의 소각 처분만이 아니었다는 것입니다. 역사연구자이면서 아카이브즈 연구자인 가토 기요후미(加藤聖文)는 제2차 세계대전 이전의 공문서 폐기에는 '패

---

14) 왕을 모시는 시종.

전 전', '패전 당시', '패전 후' 3가지 패턴이 존재한다고 지적하였습니다. 가토는 아이치현청(愛知県廳)의 문서폐기 역사를 분석하면서 다음과 같은 일이 현장에서 벌어졌다고 지적하였습니다.[9]

- 신청사 이전을 계기로 문서를 폐기
- 신청시 이전 당시에 일부는 연구기관으로 양도하였으나 그 기관이 이관문서 대부분을 '불필요'로 간주하여 폐기
- 전쟁 중 금속 회수에 따라서 철제서가를 공출하기 위해 서가에 있던 문서를 폐기
- 전쟁 말기에 물적자원 활용을 위해 재생지 원료로서 문서를 폐기
- 공습대책 때문에 가연성 물질인 문서를 폐기
- '전시'와 '평시'에 따라서 중요한 문서가 다르기 때문에 전시에는 평시의 문서가 실무적으로 불필요하게 되고 평시로 돌아가면 전시의 문서가 실무적으로 불필요하여 폐기

그 결과 아이치현 공문서관이 소장하는 전쟁 이전의 기관문서는 불과 350권뿐입니다. 한편 문서폐기의 기록은 완벽하게 남아있습니다. 그리고 전쟁에서 살아남은 지방자치단체의 문서도 1950년대의 「쇼와 대합병(昭和の大合併)[15]」에 따라 대부분 버리지 않았을까 추

---

15) 일본은 기초자치단체에 해당하는 시정촌을 여러 차례 통폐합하는 행정구역 개편을 실시하였다. 첫 번째는 메이지 대합병(明治 대합병: 1888~1889년, 71,314개의 시정촌이 15,859개로 축소), 두 번째는 쇼와 대합병(昭和 대합병: 1953~1961년, 9,868개의 시정촌이 3,472개로 축소), 세 번째는 헤이세이 대합병(平成 대합병: 1999~2010년, 3,232개의 시정촌이 1,727개로 축소)이다.

측합니다.

카토는 이러한 이유로 '"현재" 보존할 가치가 있는지 여부를 행정기관의 입장에서 판단하여 폐기한다면 조직의 규정에 따라 처리하는 지극히 기계적인 행정행위만 존재'할 수밖에 없다고 지적합니다.

단지 보존공간이 부족하거나 재생지를 만들기 위해서라거나 실무적으로 필요가 없다는 행정기관의 편의만으로 공문서는 점점 버려진 것입니다. 설명책임을 인식 못하는 그들의 태도가 패전 후의 문서소각과 은닉을 허용하는 분위기, 나아가서는 '무책임한 체계'를 만들어낸 것입니다.

카토가 지적한 사례는 국가행정기관이 대상은 아닙니다. 그러나 아마 비슷한 일이 전시 중이나 전쟁 후에 국가행정기관에서 벌어졌을 거라고 생각합니다. 전쟁 이전의 공문서 보존현황은 국민을 생각하지 않았던 전쟁 이전의 관료제 모습 그 자체를 반영하고 있습니다.

3. 전쟁 이후 공문서관리 제도 - 고도성장기까지

일본국 헌법 제정

패전 이후 일본에 주둔한 연합군은 전쟁 전의 일본이 어째서 미국과의 전쟁이라는 무모한 결정을 하였는지 분석하였고 그 원인이 정치제도의 문제라고 생각하였습니다. 연합군의 중심이었던 미국은 1946년 1월 1일에 「일본 통치체제의 개혁(SWNCC228)」을 작성하여 연합군 총사령관인 맥아더에게 전달하였습니다.

이 보고서는 당시의 일본 통치체제의 문제점을 지적하였고 구체적으로 제도를 어떻게 개혁해야 하는지 제안하였습니다.

정치체제 항목에서 특히 문제가 된 것은 '국민에 대한 정부의 책임을 확보할 수 있는 제도'가 '결여'되었다는 점입니다. 따라서 국민을 대표하는 입법부(의회)에 대해 행정부(내각)가 책임지는 의원내각제의 도입을 거론하였습니다. 또한 일왕제를 유지하더라도 일왕에게 권력은 일체 주지 않고 내각의 조언에 따라서 행동하도록 요구하였습니다.

그 결과 일본국 헌법에서는 일왕은 모든 권력을 박탈당한 '상징'이 되고 주권자는 국민이 되었습니다. 국회는 국가권력의 최고기관이며 내각총리대신은 국회의 의결로 지명되고 내각은 국회에 대해 연대책임을 집니다. 또한 내각총리대신은 국무대신을 임면하는 권리를 갖게 됩니다.

전쟁 전과 다름없는 행정법

일본국 헌법의 시행에 따라 관료제는 어떻게 달라졌을까요? 결론부터 말하면 거의 변하지 않았습니다. 미국은 당초 일본에 직접 군정을 펼칠 계획이었으나 점령에 필요한 인력을 확보할 수 없어서 일본의 통치기구를 활용한 간접 점령을 선택하였습니다.

이때 점령 파트너로서 선택된 것은 쇼와(昭和) 일왕, 시데하라 기주로(弊原喜重郎)와 요시다 시게루(吉田茂)라는 자유주의자, 그리고 관료였습니다. 전쟁 시기의 관료 상층부는 공직추방이라는 쓰라림을 겪었으나 전쟁 이전에 사상탄압을 담당한 내무성과 사법성 등을 제외한 대부분의 기관이 살아남았습니다.

그 결과 대부분의 정부기관은 전쟁 이전의 조직과 비교하여 변한 것이 없었습니다. 또한 법제국(法制局) 관료 등의 저항도 있었기 때문에 전쟁 이전의 관료제가 가졌던 강력한 직무 분담관리 체계를 대부분 유지하였습니다. 수직관계 행정의 폐해를 극복하기는커녕 오히려 수직관계를 이어가게 된 것이죠. '헌법은 변해도 행정법은 변하지 않는다'는 것을 보여주었습니다.

공문서관리도 전쟁 이전 그대로

이것은 공문서관리 제도의 현실에도 큰 영향을 미쳤습니다.

우선 각 부처의 분담관리 체제가 그대로 유지되었기 때문에 문서관리도 각 부처가 각각 정한 규정에 따라 이뤄졌습니다. 문서의 보존기간 설정도 전과 같이 업무 필요성에 따라 판단하였기 때문에 보존기간이 만료된 문서는 역사적 중요성은 살피지 않고 지속적으로 버렸습니다.

또한 패전에도 상관없이 유지된 조직의 연속성은 관료의 의식변혁을 방해하였습니다. 전쟁 전의 '일왕의 관료'였던 시대와는 달리 일본국 헌법에서의 관료는 '전체의 봉사자'로서 국민을 위해 존재하는 입장으로 변해야 했으므로 원래대로라면 '국민에 대한 설명책임'을 가져야 했습니다.

그러나 조직의 연속성은 관료가 그러한 의식을 갖는 것을 방해하였습니다. 때문에 '공문서는 국민의 것이다'라는 사고방식이 생기지도 않았고 국민을 위해 문서를 남기고 공개하는 발상을 대다수의 관료는 갖지 못하였습니다.

행정능률 향상을 위한 대응

1950년대 후반부터 행정관리청(현재는 총무성의 일부)은 행정능률 향상을 위한 정책을 시행하였습니다. '관료주의'라는 행정 비효율의 해결이 관건이었습니다. 정부는 「행정운영의 간소·능률화에 관한 건」을 각의(閣議) 결정(1960년 10월 14일)하면서 '행정운영에 대한 행정감찰을 강화하고 국민의 의견과 고충을 체계적으로 수집·조직화하여, 국민에 의한 행정개선 추진 태세를 확립하고 행정운영의 획기적 개선과 능률화를 도모'할 필요가 있다고 하였습니다. 각의(閣議) 결정을 해야 할 정도로 심각한 상황이었던 것을 알 수 있습니다.

이 각의(閣議) 결정에 근거하여 각 부처의 문서과장이 참석하는 '부처사무연락회의(各省庁事務連絡会議)'를 설치하고 행정관리청을 사무국으로 하여 행정능률화를 위한 대응을 해나갔습니다. 세부적인 내용은 생략하겠지만 이때의 대처가 실무현장에 긍정적인 효과를 미쳤다고는 평가할 수 없습니다.

관료의 업무방식은 장기간에 걸쳐 부서마다 성격이 다른 문화를 구축하였습니다. 그것을 '효율성'이라는 명목으로 크게 변화시키기 엔 그리 쉽지는 않았습니다. 또한 행정관리청도 컴퓨터 도입 등 신기술 도입을 통해 효율화를 꾀하려는 경향을 보였고 업무내용 자체를 개선하려는 발상은 희박하였습니다.

'전쟁 전에는 공문서가 남아 있었는데, 전쟁 후에는 오히려 없다'

관료가 다루는 문서의 양은 시대를 거듭할수록 극단적으로 증가하였습니다. 업무량의 증가뿐만 아니라 타자기와 복사기 등의 기술혁신으로 문서 복제도 쉽게 할 수 있게 되자 문서량은 일방적으로 증가하였습니다.

당연하겠지만 행정능률 향상을 위한 대응에서도 문서의 효율적인 관리가 중요한 과제였습니다. 이 당시 행정관리청이 중시한 것은 문서의 폐기량이었습니다. 사무실에 문서가 넘쳐나서 업무효율이 떨어졌다는 문제의식을 가졌기 때문에 '문서를 버린다'라는 해결책을 도입하는 것이 너무나 자연스러운 선택이었겠죠.

그래서 행정관리청은 1967년(쇼와 42)부터 '각 부처 공통 문서관리 개선주간(各省廳統一文書管理改善週間)'을 실시하여 매년 11월 초에 모든 부처가 문서관리 개선에 나서도록 하였습니다(참고로 지금도 매년 하고 있습니다). 이 문서관리 개선주간에서는 문서관리 연구모임 실시 등의 계몽활동도 실시하지만 가장 중시된 것은 문서의 폐기였습니다.

제1회인 1967년에는 모두 169톤의 문서를 폐기하였고 그 후에도 수백 톤 단위로 매년 문서를 폐기하였습니다. 1977년(쇼와 52) 문서

폐기 기간에는 행정관리청의 담당자가 중앙과 지방의 문서폐기량이 약 960톤이었다고 지적하면서 '더욱 끊임없는 문서관리 개선을 시행해주시기 바랍니다'라고 언급하였습니다. 즉, 이 담당자에게 문서관리 개선은 바로 문서폐기량을 늘리는 것과 다름없었습니다.

앞에서 거론한 것처럼 불필요한 문서의 폐기는 업무효율화를 위해서 필요한 작업입니다. 하지만 여기서 문제가 되는 것은 과연 중요한 문서가 버려지지 않고 확실하게 남는가라는 것입니다. 이게 사실 위험한 것입니다.

1967년(쇼와 51)에 행정관리청은 각 부처 문서관리에 관한 대규모 실태조사를 하였습니다. 이 결과에 따르면 일상적인 문서의 정리·보관을 '규정 등을 기준으로 삼아서 하고 있다'고 답한 직원은 24.3%, 전체의 4분의 1에 지나지 않았습니다. '전례에 따라서 하고 있다'가 43.4%, '스스로 공부해서 하고 있다'가 26.4%, '아무 생각 없이 하고 있다'를 4.9%로 응답하였습니다. 규정보다는 해당 부서의 문화와 담당자의 성향에 따라 문서관리를 하고 있었던 것이죠. 또한 문서에 보존연한을 확실히 부여한다고 답한 부서는 56.7%에 지나지 않아서 중요한 문서인지 아닌지 제대로 정리조차 못하는 부서가 전체의 40프로를 웃돌았습니다.[10]

1980년대 초 『아사히신문』 취재에 의하면 당시 대장성(현 재무성)에는 문서목록조차 없었습니다. 대장성 OB인 야나기사와 하쿠오(柳澤伯夫) 중의원 의원에 따르면 '주세국(主税局)은 매년 세목별로 수많은 자료를 "내부참고용"으로 만들지만 1년 후에 대부분 폐기한다. 단순업무를 담당하는 논캐리어 직원[16]의 기록물철에 일부가 보존'

되는 것이 현실이라고 지적하였습니다. 또한 가키자와 코지(柿澤弘治) 중의원 의원은 '주세국에서는 책상 위가 예산심사를 받는 다른 부처의 자료로 순식간에 산이 된다. 항상 버릴 것뿐이라고 생각한다.'라고 하였습니다. 두 사람도 현역 관료시절에 문서가 너무 많아서 처리상 '비밀을 요하는 문서(秘印)'도 일일이 신경 쓰지 않았다고 합니다.[11]

즉, 비밀문서조차 구분할 수 없을 정도로 문서관리가 제대로 이뤄지지 않았습니다.

이런 상황에서 '불필요한 문서를 버리자!'라고 말하면 어떻게 될까요? 사실 행정기관의 판단으로 문서의 중요 여부를 결정하여 폐기하는 것만으로도 문제가 됩니다. 따라서 행정기관이 중요한 문서를 버릴 가능성이 높은 건 쉽게 상상할 수 있습니다.

'전쟁 이전에는 공문서가 남아 있었는데, 전쟁 후에는 오히려 없다'는 말을 여러 곳에서 들었습니다. 그 어느 시기든 '자신들에게 중요하지 않은 문서를 버린다'라는 문화가 계속 남아있었던 것만은 틀림없겠죠.

국립공문서관의 설립

한편 역사적으로 중요한 공문서를 안전한 시설에서 보관하고 공

---

16) 국가공무원 일반직 채용시험(국세전문관 시험과 세무직원 시험)에 합격한 후 각 지역 세무서 등에서 근무함. 재무성에서 근무하는 경우도 있는데, 이런 경우 주로 잡무를 담당함.

개해야 한다는 요구도 역사연구자들을 중심으로 나오고 있었습니다. 1958년 9월 역사연구자 주요단체인 일본역사학협회는 「국립문서관 건설 요청서」를 일본학술회의에 제출하였습니다. 요청서를 접수한 학술회의는 갑자기 국립문서관을 만들라고 정부에 요구해도 쉽게 이뤄지지 않을 거라고 생각하였습니다. 그래서 우선 공문서의 유실 방지와 일반이용을 위한 적절한 조치를 요청하면서 궁극적인 목표로 국립공문서관의 건립을 요구하기로 하였습니다.

그리고 1959년(쇼와 34) 11월에 내각총리대신에게 「공문서 유실방지에 대하여」라는 권고를 하였습니다.

이 권고의 '이유' 부분에는 당시 공문서를 방치한 상황이 극명하게 나와 있습니다. 예를 들어 학술적 가치는 고려하지 않은 보존기간 설정, 보존기간 만료 문서는 업자를 통해 제지원료로 유출, 재난으로 인한 훼손뿐만 아니라 부처의 통합·폐지와 시정촌(市町村) 합병에 의한 인위적인 파기, 정리기준이 각 부처별로 제각각, 일반연구자의 이용이 거의 불가함 등과 같은 상황이었습니다. 이런 상황이었기에 당시 외국의 연구자도 개탄하고 있으며 국제표준에서 뒤쳐져 있다는 점도 권고 내용에서 강조하였습니다.

그 후 총리부(總理府)를 중심으로 논의를 진행하여 1964년(쇼와 39) 4월에는 기타노마루공원(지하철 다케바시역 근처) 내에 국립공문서관을 건설하기로 각의(閣議) 승인되었습니다. 그러나 실제로 국립공문서관이 건설되기까지는 매우 다양한 우여곡절이 있었습니다. 건설 예정지의 절반 이상을 국립근대미술관 건설을 위해 내어주기도 하였고…. 이렇게 해서 1971년에 겨우 개관한 국립공문서관은 예정된 규모에 훨씬 못 미치는 시설로 시작할 수밖에 없었습니다.

또한 국립공문서관의 법적 위상도 매우 낮아서 각 부처에서 갖고 있는 역사적으로 중요한 문서의 이관을 강제할 권한은 없었습니다. 문서를 생산하고 몇 년 후에 국립공문서관으로 이관하는지에 대한 규정도 당초에는 존재하지 않아서 국립공문서관은 '오는 것을 받아들인다'는 업무밖에는 할 수 없었습니다.

그렇지만 국립공문서관의 설립은 그때까지 보존기간이 만료되면 버려지는 문서와 각 부처 내에서 장기간 방치되던 영구보존 문서를 이관할 곳이 생겼다는 의의도 있습니다. 특히 국립공문서관을 관할하는 총리부는 자발적으로 『태정류전(太政類典)』과 『공문류취(公文類聚)』 등 메이지 시대 이후의 중요한 공문서를 이관하였습니다. 그 후 많은 수량은 아니지만 각 행정기관에서 문서를 이관하였고 이를 공개하기 시작하였습니다.

2장: 정보공개법과 공문서관리법의 제정

세바타 하지메

2장: 정보공개법과 공문서관리법의 제정

- 세바타 하지메

1. 정보공개법의 제정

지식은 무지를 영원히 지배한다

행정기관에 대한 정보공개 제도가 어째서 필요한 것일까요?

막스 베버에 의하면 관료는 자신들의 전문지식과 정책의도를 비밀로 함으로써 다른 정치세력보다 우월한 입장을 구축하여 외부의 비판을 받아들이지 않으려는 경향이 있다고 하였습니다. 그들은 프로페셔널이라는 긍지를 가지는 한편 전문적인 정보를 자신들이 독점하여 외부의 비판을 모두 '아마추어의 의견'으로 치부하는 것이 가능합니다. 더구나 필요 이상으로 비밀을 만들어 '직무상 비밀 '이라는 관료제 특유의 개념을 남용하여 비밀을 지키려고 합니다.[1]

즉, 원래부터 행정기관은 정보를 감추려는 경향이 있습니다. 정보를 공개할수록 문제점과 모순 등이 명확해지기 때문입니다. 따라서 자신들이 원하는 정책을 실행하기 위해서는 자신들에게 유리한 정보 이외는 비밀로 하는 편이 쉽습니다.

그러므로 주권자인 국민은 관료들이 부둥켜안고 있는 정보를 내어놓는 것을 목표로 해야 합니다. 주권자가 국가의 정치에 대해 비판하고자 할 경우 당연하겠지만 정부가 무엇을 하고 있는지 알지 못하면 비판할 수 없기 때문입니다.

미국에서는 이 정보공개의 이념을 내세울 때 제임스 매디슨(제4대 대통령)의 1822년 편지 일부분을 자주 인용합니다. '정보가 널리 퍼지지 않거나 혹은 정보를 입수할 수단이 없는 "인민의 정부"의 존재는 희극의 서장일까 비극의 서장일까? 어쩌면 그 두 가지 모두이다. 지식은 무지를 영원히 지배한다. 따라서 스스로 통치자가 되려는 사람들은 지식이 부여하는 힘으로 자신을 무장해야 한다.'2 주권자가 되기 위해서는 정보를 입수하여 스스로를 단련할 필요가 있습니다.

정부의 비합법 활동을 억제하기 위한 미국의 정보자유법

행정기관이 독점한 정보의 공개를 요구하는 움직임은 제2차 세계대전 이후에 여러 국가에서 거세졌습니다. 특히 세계적으로 큰 영향을 미친 것은 미국의 정보공개 운동입니다. 미국은 전시체제 기간에 드러난 정부의 비밀주의에 대한 불만이 미디어를 중심으로 고조되었습니다.

1950년 미국신문편집자협회가 '정보자유에 관한 위원회'를 설치하고 다음해에 저널리즘법의 권위자 해럴드 크로스에게 정보자유에 관한 법의 본격적인 연구를 위탁하였습니다. 그 후 크로스의 연구성과인 『국민의 알권리』(1953)라는 책을 통해 사람들이 '알권리'라는 단어를 점점 익숙하게 사용하였습니다.3

이 연구에서는 '알권리'를 민주주의가 기능하기 위한 필수불가결한 존재로 규정하였습니다. 그리고 국민이 자국의 정보를 확실히 알아야 더 나은 정치의 실현을 위한 활동이 가능하다고 설명하였습니다.

지속적인 정보공개 운동의 성과로 1966년 정보자유법을 제정하여 국민의 행정정보 접근권을 보장하였습니다. 그러나 정부는 안전보장과 관련된 국가기밀의 공개에 대해서는 소극적 태도를 보였습니다. 법원도 행정기관이 최고기밀 문서를 비공개로 판단한 것이 맞는지 틀린지는 심사하지 않는다는 태도를 취하였습니다. 그 때문에 미디어를 중심으로 법제도가 불충분하다는 비판이 거세졌었습니다.

1971년 『뉴욕타임즈』는 과거 베트남정책을 정리한 국방성의 비밀보고서(「펜타곤 페이퍼」로 불린다)를 특종으로 보도하여 베트남전쟁의 본격화 계기가 된 통킨만 사건이 미국의 모략이었다는 것 등 역대 대통령이 국민에게 숨긴 사실을 잇달아 밝혔습니다.

닉슨 대통령은 기사 게재 금지를 시도하였으나 연방대법원은 그것을 승인하지 않았습니다. 또한 야당인 민주당 사무소에 도청기를 설치하려다 발각된 것이 발단이 된 워터게이트 사건이 일어났습니다. 연방의회는 닉슨 대통령을 수사방해 등을 이유로 탄핵하면서 대통령 사임을 요구하였습니다.

연방의회는 대통령의 행정특권 및 CIA와 FBI의 비합법 활동에 제동을 걸 필요가 있다고 생각하였습니다. 그래서 정보자유법을 1974년에 대폭 개정하였습니다. 이에 따라 최고기밀이더라도 그 비밀지정 자체가 적절한지 여부의 시비를 법원에서 따질 수 있게 되는 등 정보공개가 더욱 철저히 이뤄졌습니다.[4]

일본에 파급된 정보공개의 물결

일본에서는 1970년대에 이르러 정보공개에 관심을 갖게 됩니다. 미국의 정보자유법 제정 동향이 소개되었고 1971년의 외무성 기밀 누설 사건(니시야마 사건[17])을 둘러싼 논쟁 등을 통해서 점차 '알권리'가 알려졌습니다.

게다가 대기오염과 수질오염 등의 공해문제, 스몬[18] 등의 약물피해 문제, 식품의 안전에 대한 검증 등과 관련된 시민운동이 성행하면서 데이터 공표를 거부하는 행정기관에 대한 반발이 커졌습니다. 또한 록히드 사건[19]과 기타 부정부패 사건에서 진상을 추궁하려는 국회에 대해 정부가 '비밀준수 의무'를 이유로 정보제공을 거절한 것도 큰 문제가 되었습니다.

---

17) 오키나와 밀약 사건이라고도 하며, 마이니치 신문의 기자였던 니시야마 다키치가 당시 외무성 관리였던 하스미 기쿠코를 통해 알아낸 국가기밀을 사회당 의원에게 알려주어 니시야마와 하스미가 체포되어 유죄를 받은 사건.
18) SMON병: 척수의 등쪽 시신경이 썩어서 말초신경이나 시신경이 침해되는 병. 부작용 문제로 제조금지된 설사 치료제 키노포름의 복용이 주요 원인.
19) 대형 제트항공기 판매를 위해 일본 정부의 고위 관료에게 뇌물을 준 사건. 1976년 2월 4일 미국 상원 외교위원회에서 발각되어 당시 다나카 수상이 체포되는 등 큰 파문을 일으킴.

그 결과 시민단체의 요구뿐만 아니라 사회당과 공산당, 공명당, 신자유클럽 등의 주요 야당 대부분이 정보공개법 제정을 공약으로 내세우게 되었습니다.

한편 여당인 자민당은 정보공개법 제정에 매우 소극적이었습니다. 1950년대부터 정권을 계속 잡아온 자민당은 관료와 족의원[20]이 콤비를 이뤄서 정보를 독점하고 이익추구정치(利益誘導政治)[21]를 전국적으로 전개하고 있었기 때문입니다. 자민당과 관료에게는 정보독점이 권력의 원천이었기에 정보공개 제도 자체를 기피하는 경향이 있었습니다.

오히라(大平) 수상과 정보공개

1970년대 후반 자민당은 '다이후쿠(大福)전쟁'이라는 오히라 마사요시(大平正芳)와 후쿠다 다케오(福田赳夫) 등에 의한 권력투쟁이 격화되어 분열상태가 되고 의석수도 여야가 백중지세인 상황이었습니다. 그 때문에 오히라 마사요시 수상은 1979년(쇼와 45) 11월 수상 지명 투표의 지원요청 때 야당인 신자유클럽에게 정보공개법 제정에 노력할 것을 약속하였습니다. 그리고 다음해 1월 시정방침 연설에서 정보공개법 제정을 명확히 내세웠습니다. 1970년대에 서구 선진국에서 연달아 정보공개법이 제정된 상황이라 정부도 정보공개법

---

20) 업계·이익단체와 결탁해 돈과 표를 받는 대가로 정책 결정 과정에서 이들을 대변해온 정치인.
21) 정당과 정치가가 정권유지와 선거에서의 득표, 정치헌금 등을 목적으로 지지기반인 지역 혹은 업계(이익집단)에게 정치적 편의를 도모하는 것.

제정의 의의를 정면으로 부정할 수는 없었습니다.

그러나 정부는 정보공개법 제정을 내부에서 검토조차 하지 않아서 외국에 대한 조사부터 시작해야 하는 실정이었습니다. 또한 각 행정기관에서 어떻게 문서관리가 이뤄지는지 무엇을 국민에게 정보 제공해야 하는지조차 정부는 전혀 파악하지 못했습니다.

오히려 관료들은 비밀보호와 프라이버시 보호를 철저히 해야 한다고 주장하면서 공개 제도를 빈껍데기로 만들려고 시도하였습니다. 또한 1980년(쇼와 55) 1월에 자위대 전직 간부가 소련에 기밀을 누설하는 사건이 발생하여 자민당은 방위비밀 누설의 처벌강화를 포함한 스파이방지법안 요강을 발표(동년 4월)하였습니다. 이처럼 정보공개에 역행하려는 움직임도 끈질겼습니다.

때문에 정부는 일찌감치 정보공개법 제정을 단념하고 현행법의 범위 내에서 개선할 수 있는 것에 집중하였습니다. 1980년 5월 27일 「정보제공에 관한 개선조치 등에 대하여」가 각의(閣議) 승인되어 각각의 행정기관에 '공문서 열람창구'를 설치하도록 하였고 행정기관 내의 도서관을 통해 일반이용 등을 추진하였습니다.

또한 각 행정기관에서 국립공문서관으로의 이관에 대해서도 「공문서 등의 국립공문서관으로의 이관 및 국립공문서관에서의 공개조치 촉진에 대하여」(12월 25일, 연락회의 합의)에서 영구보존 문서는 생산 30년 후에 국립공문서관으로 이관하기로 결정하였습니다. 방위청도 과거 육해군 자료의 일반공개를 시행하였습니다.

이처럼 정보공개 동향은 이 당시에 약간은 진전이 있었습니다. 단, 각의(閣議) 승인한 것이 정보 '공개'가 아니라 '제공'이라는 단어에서 알 수 있듯이 행정기관의 재량으로 정보를 내놓을지 말지를 결정하는 것은 여전하여 정보공개는 지지부진한 실상이었습니다. 당시의 신문기사를 살펴보면 외무성과 대장성(大藏省) 등에서는 문서관리 규정조차 '내부자료이기 때문에' 공개를 거부하였습니다.[5] 또한 선거기간 중에 오히라 수상이 돌연 세상을 떠나(1980년 6월) 선거에서 자민당이 대승한 점도 있어서 정보공개법의 제정은 방치되었습니다.

그뿐 아니라 자민당은 나카소네 야스히로(中曾根康弘) 내각 당시인 1985년(쇼와 60)에 최고형을 사형으로 하는 스파이방지법안을 국회에 제출(당내에서도 반대가 많아 폐기된 의안)하는 등 오히려 정보공개에 역행하려는 정책도 추진하려는 상황이었습니다.

또한 정보공개법을 요구하는 시민운동 중에서는 정보공개법에 기밀정보 등은 적용 제외하는 규정을 허용하자는 주장도 있었습니다. 이는 결과적으로 정보 비공개를 합법화시킬 것이라는 우려로 활동을 중단하는 단체도 있었다고 합니다. 결국 정보공개 제도의 정비는 행정개혁의 일환으로 행정관리청 등에서 세세히 검토하는 수준에 머물렀습니다.

지방의 정보공개 조례가 국가를 압박하다

이와 같이 국가의 정보공개법 제정 움직임은 좌절되었지만 지방자치단체의 정보공개 조례 제정 움직임은 활발하였습니다. 그 중심은 나가스 가즈지(長洲一二) 가나가와현(神奈川県) 지사, 다케무라 마사요시(武村正義) 시가현(滋賀県) 지사, 하타야와라(畑和) 사이타마현(埼玉県) 지사와 같이 시민운동과 연계가 깊은 자치단체장들이었습니다.

특히 가나가와현의 대응은 전국적으로 주목받았습니다. 최초의 정보공개 조례 제정이라는 성과는 1982년 3월 야마가타현 모가미군 가네야마마치(山形県 最上郡 金山町)가 가져갔으나 동년 10월에 도도부현(都道府県)에서는 처음으로 가나가와현이 정보공개 조례를 제정하였습니다.

정보공개 활동가들은 미국에서는 주(州) 등의 지방에서 먼저 정보공개 제도가 만들어지고 최종적으로 정보자유법 제정으로 연결된 사실을 알고 있었습니다. 따라서 전국 각지에서 정보공개 조례를 만들어 국가에 압력을 행사하고자 하였습니다. 그리고 가나가와현의 사례를 모델로 하여 전국에 정보공개 조례 제정을 확산시켰습니다.

정보공개 조례는 각 지역에서 행정감시를 위해 이용되었습니다. 특히 접대비와 식대비에 대한 시민옴부즈만의 정보공개 청구는 관관접대(官官接待)[22]와 허위출장을 폭로하는 성과를 냈고 많은 사람들이 정보공개 제도의 의의를 인식하는 계기가 되었습니다.

자민당 의원이 정열을 쏟은 공문서관법 제정

한편 이 무렵에 역사적 공문서의 보존에 대한 중요한 법률이 제

---

22) 하위 · 지자체 공무원이 상급 · 중앙부처 공무원에게 접대하는 것.

정되었습니다. 그것은 바로 공문서관법(1987년)입니다.

일본역사학협회 등의 역사학 학회는 역사자료 보존시설로서의 문서관(당시는 고문서가 중심)을 전국 각지에 만들 것을 요구하는 운동을 벌여왔습니다. 지방자치단체의 문서관은 1959년에 야마구치현(山口縣)이 설립한 것(과거 지방영주(藩主)였던 모리(毛利) 일가의 문서가 기탁되었기 때문)이 최초의 사례이며 교토와 사이타마 등에서도 고문서와 역사적 공문서를 수집하는 기관을 설립하였습니다. 그리고 협회는 공문서관을 더 많이 전국에 설립하기 위하여 설치근거가 되는 법률 제정을 요구하였습니다. 하지만 정치 쪽과는 그다지 접점이 없는 역사학계의 운동이어서 그런지 법 제정은 좀처럼 진전이 없었습니다.

문서관 설치법의 제정에 나선 사람은 자민당의 이와야마 니지로(岩山二郎) 참의원(參議院) 의원이었습니다. 이와야마는 이바라키현(茨城縣) 지사 시절에 미토 미쓰쿠니(水戸光圀)의 『대일본사(大日本史)』 편찬사업에 감명을 받았습니다. 그래서 현사(縣史)편찬을 위해 수집한 역사자료를 보관하는 이바라키현 역사관을 건설하는 등 역사자료 보존에 열심인 정치가였습니다. 그는 주위 의원들의 동의를 얻진 못했으나 고등학교 동창인 고토우다 마사하루(後藤田正晴) 관방장관의 도움으로 의원입법으로 간신히 공문서관법 제정에 성공하였습니다.

공문서관법은 의원입법이라는 점도 있고 해서 이념적인 법률에 머물렀습니다. 이 법률에서 말하는 '공문서 등'의 정의는 "국가 또는 지방공공단체가 보관하는 공문서 및 기타 기록(현용인 것은 제외한다)"(제2조)로 명시하였기 때문에 어디까지나 역사자료가 된 공문서만 이 법률의 대상이 될 수 있었습니다.

다만 "국가 및 지방공공단체는 역사자료로서 중요한 공문서 등의 보존 및 이용에 관하여 적절한 조치를 강구할 책무를 갖는다"(제3조)라는 규정은 각 지역에서 공문서관을 설립하는 데 큰 호재가 되었습니다.

그리고 이 무렵부터 '공문서관'을 단지 '역사자료를 보존하는' 곳이 아니라 정보공개 제도의 일환으로서 인식하는 사람들이 나타납니다. 정보공개가 행정감시의 의미를 가진 이상 과거에 수행한 행정의 검증도 그 일부가 되기 때문입니다. 때문에 자치단체 중에는 보존기간이 만료된 비현용 역사공문서를 매년 확실하게 공문서관으로 이관하여 공개하는 체계를 고민하는 곳도 나타났습니다. 가나가와현립공문서관(1993년 개관)은 그 대표적인 사례이며 현재도 공문서관을 건립하려는 자치단체로부터 견학이 끊이지 않는 시설입니다.

호소카와(細川) 연립내각에서 정부방침이 된 정보공개법 제정

정보공개법의 제정이 국정의 중요과제로 자리 잡은 것은 1993년(헤이세이 5)에 자민당이 물러나고 호소카와 모리히로(細川護熙) 연립내각이 성립된 이후입니다. 호소카와 내각의 연립합의서에는 '행정정보 공개의 추진'이 명시되어 정보공개법 제정이 정부의 방침이 되었습니다.

또한 이때 정보공개법 제정은 '행정개혁의 일환'이라는 명목으로 진행되었습니다. 호소카와 내각 당시의 총무사무차관이었던 마스지마 도시유키(增島俊之)는 각 행정기관의 반대를 억누르기 위한 '기치'로서 이러한 명목을 내세울 필요가 있었다고 언급하였습니다.

정보공개법은 행정기관의 '투명성을 비약적으로 확대'시키는 것이지만 소위 권력기관인 경찰청, 검찰청, 국세청을 비롯하여 외무성과 방위청 등의 강한 지힝에 반드시 직면할 수밖에 없습니다. 그렇기 때문에 '행정개혁'이라는 기치를 내세워서 정보공개법 제정을 기정사실로 할 필요가 있었습니다.

또한 정보공개 제도 자체가 행정관리의 일부로 인식되어 장기간 행정관리청과 그 후속기관인 총무청(현 총무성)에 의해 검토가 이뤄졌던 점도 정보공개법을 행정개혁의 일부로 편입시키는 발상으로 이어졌다고 생각합니다. 다만 총무청 자체는 정보공개법 제정보다는 '제도의 충실'(정보 '제공'을 확충한다)을 중심으로 검토하였다고 알려져 있습니다.

이런 흐름에 따라서 자민당이 정권에 복귀한 후에도 연립정권의 일각인 신당사키가케(新党さきがけ)[23]가 정보공개법 추진을 강력하게 주장하였고 결국 법 제정을 기정사실로 검토를 계속하였습니다.

1995년(헤이세이 7) 12월, 고속증식로 '몬쥬'에서 냉각제인 나트륨이 누출되어 화재가 발생했을 때 동력로·핵연료개발사업단이 사고 직후의 영상을 편집하여 공개해서 사고를 축소하려는 시도가 발각되었습니다. 다음해 1월에는 예전부터 큰 사회문제였던 야쿠가이

---

23) 1993년에 자민당 탈당자들이 결성한 정당. 연립정권에 참여하였으나 1998년 도에 없어짐.

에이즈(藥害エイズ) 문제에 관한 중요자료가 '발견'되어 간 나오토(菅直人) 후생성 장관이 그것을 공개하면서 사죄하는 사건이 있었습니다. 게다가 이 시기에 주택금융전문회사(住專)의 불량채권 처리가 국회에서 큰 문제가 되었고 대장성(大藏省)이 과거에 수행한 주택금융전문회사의 감사결과를 '비밀준수 의무'라는 명목으로 숨기려고 한 사건도 주목받았습니다(국회가 국정조사권을 발동하여 공표함). 이러한 일련의 정보은폐는 정보공개법 제정의 필요성을 다시 상기시키는 계기가 되었습니다.

또한 시민단체뿐만 아니라 재계 관계자도 국가가 비즈니스에 필요한 정보조차 독점하는 것에 불만을 표시하며 정보공개법 찬성으로 돌아섰습니다. 미국 정부도 1980년대부터 동일한 이유로 정보공개법 제정을 일본정부에 요구하였습니다.

다만 1998년(헤이세이 10)에 정보공개법안이 각의(閣議)결정된 후에 국회에서 3차례나 계속심의24)가 되는 등 자민당의 소극적인 태도는 계속되었습니다. 그러나 제정을 요구하는 목소리가 무시할 수 없을 정도로 커지자 1999년에 정보공개법이 제정되었고 2001년부터 시행되었습니다.6

누구라도 행정문서에 접근가능한 권리

정보공개법의 최대 의의는 법적권리로서 '공개청구권'이 인정되었

---

24) 회기 중에 의결되지 않은 안건을 다음 회기에서 계속 심의하는 것.

다는 것입니다. 지금까지 행정기관에 대한 정보공개 활동은 어디까지나 '요청'에 지나지 않으며 그 요청을 들어줄지 말지는 각 기관의 재량에 맡겨졌습니다.

그러나 '공개청구권'을 인정한 후부터 정보공개 청구가 법적효력을 갖게 되었습니다. 즉, 부당하게 공개를 하지 않은 경우에는 '위법'으로서 사법부에 소송할 수 있습니다. 메이지 시대 이후 이제야 겨우 누구나 행정문서에 접근가능한 권리를 확립한 것입니다.

그 외에 중요한 점으로는 모든 행정기관에 공통으로 적용되는 행정문서의 정의가 이뤄진 것입니다. 행정문서는 ①직원이 직무상 작성·취득, ②조직적으로 사용, ③기관 내에서 보유하고 있는 이 3가지 조건을 만족하는 문서(전자데이터 등도 포함한다)라고 정의하였습니다.

게다가 '행정문서의 관리' 항목도 집어넣어 각 기관의 행정문서관리규칙의 공표, 행정문서 목록의 작성·공표 의무를 부여하였습니다. 그리고 2000년(헤이세이 12) 2월 25일, 각 부처 사무연락회의에서 행정기관의 행정문서관리규칙을 통일하기 위해「행정문서의 관리방책에 관한 가이드라인에 대하여」라는 합의가 이뤄졌습니다. 이로 인하여 메이지 시대 이후 처음으로 각 행정기관의 행정문서관리규칙이 대부분 통일되었습니다.

그러나 이러한 기준의 '통일'은 어디까지나 '규정상'의 것이며 규칙의 운용은 예전처럼 각 행정기관이 담당하였습니다. 사실 문서관리규칙이 제대로 안 지켜지는 심각한 상황에서 기준만 통일해봤자 현장이 얼마나 바뀔 것인가가 관건이었습니다. 결국은 문서관리의

미비로 인한 문제가 점점 발생하였고 통일적인 문서관리 제도를 법률로 만들어야 한다는 목소리가 높아졌습니다.

2. 공문서관리법의 제정

행정문서, 부존재의 대량발생

2001년에 정보공개법이 시행된 후 역사적으로 중요한 문서의 공개가 잇달아 이어졌습니다. 예를 들어 1945년 9월에 진행된 쇼와 일왕과 맥아더 장군과의 회담기록 공개는 좋은 사례일 것입니다.

한편으로 다양한 문제가 시행 직후부터 발생하였습니다. 특히 심각한 문제는 문서의 '부존재'로 정보공개 청구를 각하하는 사례가 계속 발생한 것이었습니다. 행정문서의 '부존재'라는 것은 정보공개법에 따라서 공개청구한 관련 문서가 기관 내에 '존재하지 않음'으로 공개할 수 없다는 의미입니다. 매년 정보공개 운용현황 데이터를 살펴보면 정보공개 결정 건수 중에서 적은 연도에는 약 3퍼센트, 많은 연도에는 약 10퍼센트가 '부존재'로 인하여 각하 결정되고 있습니다.

그 이유 중 하나는 '정책결정과정'을 청구하였기 때문에 '부존재'가 된 경우입니다. 이미 앞에서 설명하였지만 어떤 문서를 남길 것인가는 관료들이 '자신들에게 필요한 문서'인지 아닌지로 결정됩니다. 때문에 결재문서는 남기지만 그것을 결정한 과정의 문서는 불필요하기 때문에 버리는 경향이 있습니다.

정보공개 청구를 하는 사람은 '어떻게 그러한 것이 발생하였는가'라는 '과정'을 알고 싶은 경우가 당연히 대부분입니다. 그러나 그 요망에 부응하는 문서는 행정기관에 존재하기가 매우 어렵습니다.

하지민 '부존재'가 많은 이유는 이것뿐만이 아니었습니다.

다시 발생한 문서의 대량폐기

정보공개법 시행 직전에 행정기관에서 문서를 대량으로 폐기한 사실이 점차 밝혀졌습니다.

아래의 〈표 1〉은 특정비영리활동법인 '정보공개 클리어링하우스(情報公開クリアリングハウス)'가 각 행정기관에 정보공개 청구하여 밝혀진 문서폐기 실태의 일부입니다. 이 데이터를 살펴보면 정보공개법 시행 직전인 2000년도에 다른 연도에 비하여 문서의 폐기량이 증가한 기관을 명확히 알 수 있습니다. 그 중에는 농림수산성처럼 전년도 대비 20배 이상을 폐기한 곳도 있습니다.

더구나 각 행정기관은 이 대량폐기의 이유로 문서관리규칙이 변경되어 '영구보존 구분의 폐지'에 따라 폐기량이 증가하였다고 설명하였습니다.

'영구보존 구분의 폐지'라는 것은 정보공개법을 시행하면서 가장 중요한 문서의 보존기간을 '영구'에서 '30년'으로 변경한 것을 의미합니다. 이것을 시행한 이유는 '영구' 문서는 아무리 시간이 경과해도 '현용'(이용 중) 문서로 간주되기 때문입니다. 이로 인하여 기관에서 계속 보유해야 하는지 혹은 역사적인 문서로 국립공문서관 등으로 이관해야 하는지 판단할 수 없습니다. 그 때문에 정말로 필요한 문서인지 아닌지를 모르고 창고에 방치하는 등 관리 자체도 부실한 경우가 대다수였습니다. 그래서 정보공개법을 시행할 때에 보존기간은 최장 30년을 원칙으로 하여 보존기간이 끝나면 앞으로도 계속 보존할 것인가를 재검토하도록 한 것입니다.

〈표 1〉 각 행정기관의 문서폐기량 조사결과

	1998년도	1999년도	2000년도	2001년도
농림수산성		11	233	30
환경성		56	127	9
경찰청	53	111	200	22
재무성		269	619	121
외무성	520	1,033	1,283	974
인사원		30	70	33
금융청		61	113	117
경제산업성	45	78	94	53
법무성		88	156	124
공정거래위원회		42	59	46
회계검사원	445	473	513	534
궁내청		8	8	12

단위: 톤. 숫자는 소수점 이하 반올림. 공란은 데이터 없음.
주: 특정비영리활동법인 정보공개 클리어링하우스의 「각 행정기관의 문서 폐기량 조사결과」(2004년 12월 7일)에 근거하여 저자가 정리한 것. 이 데이터는 각 행정기관이 비밀유지와 재활용을 위해 업자에 위탁하여 파쇄처리된 행정문서의 폐기량을 정보공개청구로 취득한 것. 그 때문에 본 표에서 폐기된 문서의 전체 내용을 표시하지는 않음. http://homepage1.nifty.com/clearinghouse/research/bunsyohaiki02.pdf[25]

 이 방침에 따라서 각 행정기관에서는 영구보존 문서의 재검토를 시작하였습니다. 정보공개법에 의하면 작성·취득한 후부터 이미

---

25) 해당 자료는 2019년 현재 다음 링크를 통해 접근 가능하다. http://clearing-house.org/wp-content/uploads/e3ddc05b19e8d5b32923e9971dba431d.pdf

30년 이상 경과한 문서의 경우 보존기간을 '연장'하여 계속 보유할지 국립공문서관 등으로 '이관'할지 '폐기'할지 3가지에서 선택해야 합니다. 각 기관에서는 메이지 시대 이후의 '영구' 문서가 산더미처럼 쌓여있었으나 그 대부분은 관료에게 불필요하다고 판단하여 이때 폐기하였습니다. 그들에게 '불필요'한 문서가 역사적으로는 '중요'할 가능성에 대해서는 그다지 고려하지 않았을 것입니다.

이 사태가 발생한 원인으로서 국립공문서관에 문서를 이관하려면 각 행정기관과 '합의'가 있어야 한다는 점을 들 수 있습니다. 정보공개법이 시행되어도 문서를 국립공문서관으로 이관할지 여부를 판단하는 권한은 여전히 행정기관에 있었습니다.

게다가 국립공문서관은 중앙기관 개혁이라는 혼란 와중에 2001년에 독립행정법인으로 바뀌어 국가기관조차 되지 못하였습니다. 일본국 헌법 원본 등 역사적으로 중요한 공문서를 보관하는 기관이 국가기관일 필요가 없다는 이러한 판단은 정부의 역사경시 태도를 여실히 보여준 것입니다. 때문에 독립행정법인인 국립공문서관으로 문서이관이 전혀 진행되지 않았습니다.

결국 지금까지 '영구' 취급으로 행정기관 내에 '방치'되었던 문서가 정보공개법으로 인해 3가지 선택을 강요받았기 때문에 '폐기'되어버린 것입니다.

이 대량폐기의 원인에는 각 행정기관이 일반 청구인에게 보여주기 싫은 문서를 폐기하는 소위 '은폐'의 의미도 있었을 것입니다. 정보공개법에 의한 공개청구는 존재하지 않는 문서에는 적용되지 않기 때문입니다. 정보공개법 시행 전에 외무성 조약국장을 담당했던 도고 가즈히코(東郷和彦)는 미·일 안보관계 등의 중요 문서가 역대 국장들에게 인계되다가 정보공개법 시행 직전에 폐기되어 사라졌을 가능성을 시사하였습니다.[7]

그러나 '은폐'만으로 이만큼의 폐기량이 발생한다고는 생각되지 않습니다. 틀림없이 그들이 일상적으로 운용하던 문서관리 이론에 따라 불필요하다고 여긴 문서가 조용히 폐기된 것이라고 생각합니다. 패전 직후의 사례처럼 다시 문서의 대량폐기가 벌어졌습니다. 각 행정기관이 폐기량의 증가 이유를 '영구보존 구분의 폐지'라고 설명한 것은 정말 서글픈 진실이었습니다.

문서를 만들지 않는다

또 하나의 '부존재' 이유는 행정문서의 '미작성'으로 인한 '부존재'입니다. 행정문서로 작성된 문서는 모두 정보공개 청구대상이 되기 때문에 공개되면 난처해지는 행정문서는 의도적으로 '만들지 않는다'라는 사태가 벌어졌습니다. 예를 들어 지금까지는 심의회 회의록을 작성해왔지만 앞으로는 발언자를 알 수 없도록 회의요지만 작성하는 경우가 발생하였습니다.

당시의 신문기사에 의하면 관료들은 '문서를 만들지 않고, 남기지 않으며, 넘겨주지 않는다'라는 '비공개 3원칙'을 통해 정보공개 제도의 근간을 무너뜨리려는 시도를 했습니다. 또한 앞에서 말한 것처럼 정보공개법에서 행정문서는 '조직적으로 사용된 것'으로 정의하였기 때문에 작성한 문서를 행정문서가 아니라 '개인 메모'로 취급하는 경우도 있었습니다.

행정문서의 정의 자체는 현재도 그대로입니다. 때문에 '개인 메모'
는 지금도 매우 중요한 문제가 되고 있습니다. 정보공개 클리어링하
우스의 미키 유키코(三木由希子) 이사장은 2012년(헤이세이 24) 3월
19일자 블로그에서 '비밀보전법의 바람직한 방향에 관한 검토팀'의
회의록(실제는 회의요지)을 소개하였습니다. 그것은 회의록임에도
불구하고 상단에 '메모, 관계자 외 이용금지, 이용 만료 후 폐기'라고
기재되어 있었습니다. 회의 참석자에게 배부되었기 때문에 개인 메
모라고는 단정할 수 없으므로 정보공개 청구 시 공개(먹줄로 가려진
부분이 있지만)된 것 같다고 미키 이사장은 설명하였습니다. 만약
청구하지 않았다면 '개인 메모'로서 언젠가는 사라져버렸을 것입
니다.[8]

위의 '부존재' 이유의 공통점은 '행정문서 관리가 부실'(의도적인
지 아닌지를 떠나서)하다는 점입니다. 정보공개법 제정을 제안한 행
정개혁위원회는 정보공개법이 적절히 기능하기 위해서는 '행정문서
관리가 제대로 이뤄질 것'이 필수불가결이며 그런 의미에서 '정보공
개법과 행정문서의 관리는 수레의 두 바퀴이다'라고 설명하였습니
다. 그러나 행정문서의 관리는 각 행정기관의 '문서관리규칙'에 근거
하여 독자적으로 이뤄졌기 때문에 외부의 시선이 미치지 않고 부실
한 관리가 이어져 '부존재'가 대량 발생하고야 말았습니다.

그래서 공문서관리법을 제정하여 행정기관에 위임된 현재의 공문
서관리 제도를 고쳐서 법률에 의한 통일적인 공문서관리 제도 도입
이 요구되었던 것입니다.

공문서관리법에 열의를 보인 후쿠다 야스오(福田康夫) 의원

정보공개법 시행 이후 여러 장소에서 공문서관리법의 중요성이 언급되었고 이 동향에 주목한 정치가가 있었습니다. 자민당의 후쿠다 야스오(福田康夫) 중의원 의원입니다. 후쿠다는 과거 석유회사에 근무할 때에 아버지 후쿠다 다케오(福田赳夫)(전 수상)의 후원자가 패전 직후의 마에바시시(前橋市)[26] 주변의 사진을 찾는다는 것을 들었습니다. 마침 출장으로 미국에 갔을 때에 국립공문서관(National Archives)을 방문하여 문의하였더니 바로 사진을 찾을 수 있었다고 합니다. 그때부터 후쿠다는 공문서관에 대해 관심을 가졌던 것 같습니다.

그리고 고이즈미 준이치로(小泉純一郎) 내각의 관방장관에 취임한 후쿠다는 2002년(헤이세이 14) 12월 17일자 『니혼케이자이신문(日本經濟新聞)』에서 공문서관리 제도가 중국·한국보다도 훨씬 뒤쳐졌다는 기사를 보고 국립공문서관의 기쿠치 미쓰오카(菊池光興) 관장(전 총무사무차관)에게 그 사실의 진위를 물어보았습니다.

기쿠치 관장은 일본의 아카이브즈 현실에 대해 솔직하게 대답하면서 독립행정법인이 된 국립공문서관에서 아무리 훌륭한 아이디어를 내놔도 각 행정기관이 무시하기 일쑤라서 관방장관이 직접 나서야 한다고 전하였습니다. 그래서 후쿠다는 '공문서 등의 적절한 관리, 보존 및 이용에 관한 간담회'를 관방장관 직속으로 설치하고 공

---

26) 군마현 소재.

문서관리 제도 개선을 검토하였습니다. 그러나 그 후 후쿠다가 관방 장관을 사임하는 바람에 간담회에서는 보고서를 만드는 것에 그쳤습니다.

2007년(헤이세이 19) 9월에 아베 신조(安倍晋三) 수상이 사임하고 후쿠다에게 수상 자리가 예기치 않게 돌아왔습니다. 공문서관리법 제정을 스스로의 손으로 할 수 있게 된 후쿠다는 다음해 2월 29일 가미카와 요코(上川陽子) 저출산 담당 장관을 '공문서관리 담당 장관'으로 임명하고 '공문서관리의 바람직한 방향 등에 관한 전문가회의'를 설치하여 공문서관리법 제정을 위한 움직임을 구체화하였습니다.

가미카와는 의원이 되기 전에 미쓰비시(三菱) 종합연구소에서 '정보의 경계넘기'라는 주제로 연구하였습니다. 그 후 하버드대학에서 유학을 하고 미국 상원의원의 정책 스태프로 잠시 근무한 적도 있었습니다. 그때 공문서를 비롯한 기록자료가 확실히 보존·정리되어 이용 가능한 체제로 정비된 것을 실감하였다고 합니다. 이런 가미카와의 경력은 공문서관리 문제를 해결할 때에 활용되었습니다. 가미카와를 선택한 것은 후쿠다의 혜안이었다고 말할 수 있습니다.

가미카와는 장관에 취임하자마자 전 행정기관을 현장시찰하여 문서관리 상황을 조사하였습니다. 그녀는 각 기관이 제멋대로 문서관리를 하는 것을 엄금하였습니다. 그리고 공문서관리법의 의의를 충분히 이해하면서 전문가회의를 지원하였습니다. 후쿠다도 가미카와도 중도에 퇴임할 수밖에 없었지만 아소(麻生) 내각이 된 후에도 야당과의 절충을 가미카와가 담당하여 공문서관리법 제정에 주력하였습니다.

사라진 연금 문제를 해결하기 위해

후쿠다는 이 당시 '사라진 연금 문제[27]' 등을 해결하기 위해 공문서관리법이 필요하다는 논리를 펼쳤습니다. 2007년부터 사회를 뒤흔들었던 '사라진 연금 문제'는 공문서관리 부실로 인하여 발생하였기 때문입니다. 데이터 관리가 부실하여 연금기록의 통합이 불가능하였습니다.

그 외에도 공문서관리 부실 문제가 자주 발생하였습니다. 예를 들면 후생노동성에서는 2002년에 혈액제제인 피브리노겐 투약에 의한 C형간염 바이러스 감염 보고서 작성 시 환자 이름을 기재한 증상 일람표를 입수하였음에도 불구하고 본인에게 감염사실을 고지하지 않았던 사실이 2007년에 발각되었습니다. 이 때문에 후생노동성이 고의로 사실을 감췄다는 의혹도 제기되었습니다.

이런 비판을 받자 후생노동성은 조사팀을 만들었습니다. 조사 결과, 방치된 이유 중 하나로서 '창고 안 문서의 보존과 관리가 매우 부실하고 기관 차원에서 문서관리의 문제가 있었다'는 점을 지적하였습니다. 방치된 자료가 보존된 지하창고는 '어느 서가에 어느 서

---

27) 당시 일본 정부가 5,000만 건이 넘는 국민연금 납부기록을 분실하고 1,430만 건은 아예 입력조차 하지 않아 누가 언제 얼마나 연금보험료를 납부하였는지 알 수 없게 된 사건. 1986년에 후생연금, 국민연금 등으로 분리되어 있던 기존 연금제도를 기초연금으로 통합하면서 입력 오류 및 미입력 실수가 발생함. 그러나 당시 사회보험청은 백업이 완료된 연금대장 원본을 폐기하는 과정에서 그렇지 않은 원본까지 폐기해버려서 입력 실수를 바로잡을 원본이 영원히 사라짐. 2006년에 이와 관련된 문제가 드러나면서 아베신조 내각은 정권을 잡은 지 1년만인 2007년에 선거에서 참패하여 민주당 정권으로 교체됨.

류가 있는지'가 체계적으로 정리되지 않았고, 문서파일의 등표지에 제목이 기재되어 있지 않았으며, 종이박스에 문서가 방치되어 있는 등 제대로 관리되지 않은 상태였습니다. 그 결과 중요 문서가 발견되지 못하고 방치되었습니다.

이처럼 문서관리의 부실이 국민에게 실질적인 피해를 주는 상황이 벌어졌습니다. 후쿠다는 이 문제의 해결방안으로 공문서관리법을 내세웠습니다. 그는 통일적인 문서관리 제도 도입에 저항하려는 행정기관을 견제하면서 법 제정을 확실히 추진하였습니다.

공문서관리법의 제정

2008년(헤이세이 20) 11월 4일 전문가회의는 최종보고서를 제출하였습니다. 이 최종보고서의 서두인 '기본인식'에서 '공문서의 의의'를 다음과 같이 명시하였습니다. 긴 문장이지만 전문을 인용하겠습니다.

민주주의의 근간은 국민이 정확한 정보에 자유롭게 접근하고 그것에 근거하여 정확한 판단을 내리며 주권을 행사하는 것에 있다. 국가의 활동과 역사적 사실의 정확한 기록인 "공문서"는 이 근간을 지지하는 기본적 인프라이며 과거·역사에서 교훈을 배움과 동시에 미래에 살아갈 국민에 대한 설명책임을 다하기 위해 필요불가결한 국민의 귀중한 공유재산이다.

이러한 공문서를 완전하게 관리·보존하고 후세에 전하는 것은 과거·현재·미래를 연결하는 국가의 귀중한 책무이다. 이것은 후세의 역사검증과 학술연구 등에 도움이 됨과 동시에 국민의 아이덴티티

의식을 높이며 독자적 문화를 키우기도 한다. 이런 의미에서 공문서는 '지혜의 보고'이며 국민의 지적자원이다.

한편 공문서 관리를 적절하고 효율적으로 하는 것은 국가가 의사결정을 적절하고 원활하게 하기 위해서도 혹은 증거적 기록에 근거한 시책(Evidence Based Policy)을 강하게 요구받는 오늘날 국가의 설명책임을 적절히 완수하기 위해서도 필요불가결하며 공문서를 작성→보존→이관→이용하는 모든 단계에서 통일적으로 관리해나가는 것이 큰 과제가 되었다.

이러한 공문서의 의의를 감안하여 국민의 기대에 부응할 수 있는 공문서관리 시스템으로의 길을 보여주는 것이 본 회의에 부여된 사명이다.(밑줄은 필자가 부여)

공문서를 민주주의의 '기본적인 인프라'라고 내세운 이 보고서에 근거하여 다음해 3월에 공문서관리법안이 각의(閣議) 승인되었습니다. 그러나 이 법안은 내부적으로 각 행정기관의 다양한 저항에 부딪쳐 전문가회의 최종보고서에서 후퇴한 내용이었습니다. 예를 들어 전문가회의 최종보고서에는 '국민의 귀중한 공유재산'이라든지 '공문서'가 '국민의 것'이라는 것을 명시하였습니다. 그 내용은 법안에서 완전히 누락되었습니다.

그러나 당시는 '뒤틀린 국회[28]'였기 때문에 자민당의 가미카와 민주당의 에다노 유키오(枝野幸男) 중의원 의원 등이 수정을 위한 협의를 하여 '국민의 귀중한 공유재산' 등의 단어를 되살려서 법률안을 대폭 개선하였습니다.

---

28) 중의원 과반수를 확보한 여당이 참의원 과반수를 확보하지 못한 상황.

2009년 6월에 수정안은 중의원·참의원을 만장일치로 통과하여 7월에 공포되었습니다. 이에 따라 법률에 의한 공문서관리의 통일적인 기준이 만들어졌습니다. 그 내용에 대해서는 다음 장에서 설명하겠습니다.

공문서관리법을 지킬 수 있는가

공문서관리법은 2011년 4월에 시행되었습니다. 그렇다면 시행 후의 상황은 개선되었을까요?

공문서관리법 시행 1개월 전에 동일본 대지진이 일어났습니다. 때문에 공문서관리법은 그다지 주목받지 못한 채 시행되었습니다. 얄궂게도 공문서관리법이 크게 주목받은 것은 동일본 대지진에 의해 설치된 원자력재해대책본부의 회의록 미작성 문제였습니다. 후쿠시마 제1원자력발전소의 피해 문제는 틀림없이 미래 세대에서도 역사적으로 중요한 사건으로 간주될 터이지만 그 검증에 필요한 회의록이 작성되지 않았습니다.

공문서관리법 제4조에는 정책결정과정을 검증할 수 있도록 문서를 작성할 의무를 명시하고 있으며 '각의(閣議), 관련 행정기관의 장으로 구성된 회의 혹은 각 부처 회의(省議)(이에 준하는 것을 포함한다)의 결정 또는 승인 및 그 경위'에 해당되기 때문에 원자력재해대책본부가 이 조문을 위반하였다는 문제가 제기되었습니다.

공문서관리법이 없었더라면 그렇게까지 문제가 되지는 않았을 겁니다. 회의록을 작성하지 않고 요지만으로 때우려는 태도는 2011년에 갑자기 나타난 것은 아닙니다. 그리고 지금까지 회의록 미작성을 그렇게까지 큰 문제로 생각하지는 않았습니다. 공문서관리법은 이 미작성 문제를 추궁하는데 위력을 발휘하였습니다.

공문서관리법의 시행은 관료들의 문서관리 태도를 크게 변화시킬 것입니다. 그렇지만 매일 해오던 문서관리 관행이 하루아침에 바뀌지는 않겠죠. 필자는 이 법이 뿌리내리려면 최소 10년은 걸릴 거라고 생각합니다. 관료들이 제대로 문서관리를 하고 있는지 국민이 끊임없이 감시할 필요가 있습니다.

그런데 공문서관리법이 아직 정착되지도 않은 상황에서 특정비밀보호법의 제정 문제가 부각되었습니다.

3장: 현대 일본의 공문서관리 실태와 문제점

세바타 하지메

3장: 현대 일본의 공문서관리 실태와 문제점

-세바타 하지메

1. 공문서관리법과 정보공개법

수레의 두 바퀴

「정보공개법」은 일반인도 대부분 알고 있다고 생각하지만 「공문서관리법」을 아는 사람은 일반인 중에서는 그다지 없을 듯합니다. 알고 있는 사람도 대부분 원자력재해대책본부 회의록 미작성 문제로 처음 그 존재를 접하지 않았을까요?

앞에서 공문서관리법이 제정된 경위를 서술하였지만 다시 공문서관리법과 정보공개법의 내용을 정리해보고자 합니다. 그 내용을 파악하면 특정비밀보호법이 얼마나 지금까지의 흐름에 역행하는지도 알 수 있을 것입니다.

우선 공문서관리법과 정보공개법은 '수레의 두 바퀴'라고 부르고 있습니다. 한쪽이 없으면 제대로 앞으로 나갈 수 없는 관계입니다. 그것은 어떤 의미일까요?

정보공개법은 '행정기관 내에 존재하는 행정문서'를 공개청구하는 것입니다. 따라서 행정기관이 그 문서를 가지고 있지 않으면 공개청구해도 '존재하지 않습니다'라는 답변만 받을 것입니다.

'정보'가 아닌 '문서'인 것이 중요합니다. 정보공개 청구 경험이 있는 분이라면 'ㅇㅇㅇ에 대해 알고 싶다'라고 청구하였을 때 존재하는 문서에 맞춰서 청구범위를 좁혀달라고 요구받은 적이 있을 것입니다. 공개해도 문제없는 '정보'라면 그 자리에서 담당자가 '행정서비스' 차원에서 구두설명해주거나 혹은 며칠 뒤에 서류로 답변해주기도 합니다. 그러나 그것은 친절한 담당자를 만난 행운일 뿐입니다.

정보공개 제도가 제대로 기능하려면 제대로 문서를 만들고 보존하는 것이 중요합니다. 그것을 보장하는 법률이 공문서관리법입니다. 그리고 정보공개법은 공문서관리법에 부수되는 법률이라고 일컫습니다.

국민에 대한 '설명책임'과 업무효율화를 도모한 공문서관리법의 이념

공문서관리법은 제1조에 그 목적이 명시되어 있습니다.

이 법률은 국가 및 독립행정법인 등의 모든 활동과 역사적 사실의 기록인 공문서 등이 건전한 민주주의의 근간을 지지하는 국민공유의 지적자원으로서 주권자인 국민이 주체적으로 이용할 수 있는 것을 감안하고 국민주권 이념에 따라 공문서 등의 관리에 관한 기본적인 사항을 정한 것 등에 의해 행정문서 등의 적정한 관리, 역사공문서 등의 적절한 보존 및 이용 등을 도모하며 나아가 행정이 적정하고 효율적으로 운영되도록 함과 동시에 국가 및 독립행정법인 등의 모든 활동을 현재 및 미래의 국민에게 설명하는 책무가 주어지도록 하는 것을 목적으로 한다.(밑줄은 필자가 부여)

우선 공문서관리법은 기본적으로는 일본의 행정기관과 독립행정법인을 대상으로 하고 국립대학법인과 특수법인(일본연금기구, 일본중앙경마회 등), 인가법인(일본은행, 원자력손해배상지원기구 등) 등도 포함합니다.

다음으로 공문서를 '건전한 민주주의의 근간을 지지하는 국민공유의 지적자원'으로 하고 주권자인 국민이 '주체적으로 이용할 수 있다'는 것을 선언하였습니다. 공문서는 국민의 것이며 작성된 정보는 민주주의를 위해 반드시 필요하다는 의미를 부여한 것입니다. '알권리'의 명기까지는 도달하지 못했지만 꽤나 진전된 문장입니다. 또한 현재뿐만 아니라 '미래'의 국민에 대한 설명책임도 명기하여 역사적 검증이 가능하도록 문서를 관리해야 합니다.

대상의 범주는 현재 각 기관에서 사용하는 공문서뿐만 아니라 역사적 공문서도 포함합니다. 문서를 작성 또는 타 기관으로부터 취득하는 단계부터 최종적으로 국립공문서관 등으로 이관하여 영구보존할지 혹은 불필요하여 폐기할지 등 문서의 '라이프사이클' 전부를 대상으로 합니다. 즉, 일단 공문서로 작성·취득된 것은 모두 이 법률의 대상이 됩니다.

또한 이 법률은 국민에 대한 '설명책임'을 다하기 위한 것뿐만이 아니라 행정 그 자체가 '적정하고 효율적으로 운영'되기 위한 것입니다. 문서를 제대로 관리할 수 있으면 업무에 필요한 과거 정보를 바로 활용할 수 있으며 문서고에 가서 한참동안 정보를 찾는 쓸데없는 짓을 하지 않아도 됩니다. 또한 책상 위에 직원들이 자료를 산더미처럼 쌓아두고 비효율적으로 일할 필요도 없습니다.

관료 입장에서는 문서를 확실히 생산해야 하는 등 '성가신 일이 늘어난다'고 생각할지도 모르겠지만 이 법의 중점 목적에는 업무를 효율화하는 것도 있습니다. 국민도 관료도 WIN-WIN 관계가 될 수 있도록 고려한 법률입니다.

정보공개 제도의 발전

정보공개 제도는 어째서 필요한 것일까요?

그것은 정부가 가진 정보를 공개하여 주권자인 국민이 주체적으로 판단할 수 있는 환경을 만들기 위해서입니다. 정부는 국민에게 신탁(信託)받아 정책을 집행하며 주권자에 대한 설명책임(어카운터빌리티)을 갖고 있기 때문입니다.

나아가 정보공개 제도라는 것은 「정보공개법」에 의해서만 보장되는 것은 아닙니다. 예를 들어 다른 법률에 의해 정보공개 의무가 주워진 경우도 적지 않습니다. 많이 알려진 것으로는 국회의 회의록

공개가 해당합니다.

또한 정보공개 운동의 성과로서 국회의원의 자산, 정치단체의 정치자금수입지출보고서, 정당·정치단체에 5만 엔을 초과한 기부자 명단 등을 공개하는 깃도 정보공개 제도의 일환으로 생각할 수 있습니다.

게다가 정보공개법이 시행된 후부터 심의회 배부자료와 회의록을 스스로 공개하는 사례도 늘었습니다. 특히 인터넷의 발전에 따라 국민의 정보공개 요구에 맞춰서 정부도 적극적인 정보제공에 노력하는 태도를 보여주고 있습니다. 정부는 '열린정부'(오픈 거버넌스)의 일환으로 이러한 정보제공을 추진해나가고 있습니다.

확실히 정보공개법은 주권자가 정보공개를 작용시키기 위한 도구로서 반드시 필요합니다. 그러나 정보공개 제도의 정신을 이해하지 못하면 '청구된 것만 보여준다'는 방침이 될 수 있습니다.

그 때문에 정보공개 운동에 종사했던 사람뿐만 아니라 최근에는 원자력발전소 사고로 인한 건강 피해에 관심을 갖는 사람 등도 정보공개 제도의 충실화를 지속적으로 요구하고 있습니다. 앞에서 설명한 것처럼 원래 행정기관은 정보를 감추려는 경향이 있습니다. 따라서 주권자가 항상 정보공개를 요구하지 않으면 정보공개 제도는 어느 순간 유명무실하게 될 것입니다.

이 관점에서도 특정비밀보호법에는 중대한 문제가 있음을 알 수 있습니다.

2. 행정문서의 관리

다음은 공문서관리법을 상세하게 살펴보겠습니다. 여기에서는 행정기관의 공문서(행정문서)로 범위를 좁혀 설명할 것이며 법률의 구체적인 해설은 전문 서적을 참고하시기 바랍니다.

의사결정에 도달한 과정을 증명하기 위한 문서작성 의무

공문서관리법은 문서의 작성의무를 명시하였습니다. 이에 따르면 '경위도 포함하여 의사결정에 도달한 과정'과 '사무 및 사업의 실적'을 합리적으로 추적·검증하기 위해 문서를 작성해야 합니다.
작성한 문서는 5가지로 유형화됩니다.

① 법령의 제정·개정·폐기와 그 경위
② 각의(閣議)·관련 행정기관의 장으로 구성된 회의·각 부처 회의(省議)에서의 결정·승인과 그 경위
③ 복수의 행정기관에 의한 합의, 다른 행정기관과 지방공공단체에게 알리는 기준의 설정 및 그 경위
④ 개인·법인의 권리의무의 득실 및 그 경위
⑤ 직원의 인사에 관한 사항

①~③은 행정기관이 수행한 정책에 관한 문서를 제대로 생산해야 한다는 것입니다. '경위'를 포함해야 하므로 마지막 결재문서만 남겨서는 안됩니다. ④는 개인과 법인의 권리의무에 관한 정보이며 시민

생활에 영향을 끼친다면 문서를 생산할 필요가 있다는 것입니다. ⑤
의 인사 관련 서류는 당연히 만들어야 합니다. 구두로 인사가 이뤄
지면 안 된다는 건 누구나 아는 사실입니다.

2012년에 벌어진 원자력재해대책본부의 회의록 미작성 문제는 ②
의 규정을 위반한 것으로 간주되었습니다. 복수의 행정기관의 장으
로 구성된 모임의 회의록은 당연히 '의사결정에 도달한 과정'이었어
야 합니다. 그러나 담당자는 '각료들이 상황을 공유하는 모임으로
생각하였기 때문에 기록을 남겨야 한다는 기본적인 의식이 희박하
였다'라고 변명하는 등 공문서관리법의 취지를 전혀 이해하지 못한
점이 부각되었습니다.

각의(閣議) 회의록

또한 각의(閣議) 회의록도 ②에 해당되므로 필요하다고 생각할
것입니다. 그러나 메이지 시대부터 지금까지 각의(閣議) 회의록은
생산하지 않았습니다. 장관들의 논의가 공개될 경우 내각의 의견 불
일치로 보여질 수 있다는 점을 이유로 내세우고 있습니다.

본래 회의록을 '공개한다'는 것과 '기록한다'는 것 사이에는 경계
가 있습니다. 기록해도 '공개하지 않는다'는 선택도 있기 때문입니
다. 그럼에도 불구하고 지금까지는 관례적으로 회의록을 만들지 않
았습니다.

그러나 각의(閣議) 자체는 이미 유명무실화되어 단순히 필요한
정책결정 절차를 진행하는 형식적인 회의라고 생각합니다. 때문에

공문서관리법의 취지에 입각하면 각의(閣議) 이후에 진행하는 각료 간담회(각료에 의한 의견교환 모임)의 회의록이야말로 제대로 생산되어야 합니다. 원자력재해대책본부의 회의록 미작성 문제가 벌어졌을 때 민주당 오카다 가쓰야(岡田克也) 부총리가 각의(閣議) · 각료 간담회 회의록 생산 문제를 해결하려고 하였습니다. 그러나 보고서를 작성하는 와중에 정권교체가 되었고 이후 아베 정권에서는 방치되었습니다.

그 후 공명당이 특정비밀보호법을 승인하는 조건으로 각의(閣議) · 각료 간담회 회의록 생산을 자민당이 수용하도록 하여 2014년 4월부터 회의록을 생산 · 공개하였습니다.

다만 오카다 안건에서는 회의록을 생산하여 30년은 비공개한다(그 대신 민감한 논의도 확실하게 기록한다)는 방침이었지만 자민당이 승인한 안건은 3주 후 공개를 원칙으로 하였습니다. 때문에 공개하고 싶지 않은 논의는 내부에서 기록을 남기지 않을까 염려됩니다. 실제로 필자가 회의록을 조사한 바로는 우려한 것처럼 대부분 알맹이가 빠진 논의만 적혀있었습니다.

각의(閣議)와 각료 간담회 회의록을 남기는 것의 본래 의미인 '정책결정 과정을 기록한다'는 법의 취지가 무시당하고 있습니다.

레코드스케줄

행정문서로 생산한 문서는 명칭과 보존기간을 설정한 후에 반드시 '행정문서파일관리부'라는 목록에 등재해야 합니다. 이 목록은 인터넷으로 공개됩니다.

또한 보존기간이 만료되면 국립공문서관 등으로 이관하여 영구보존할 것인지 폐기할 것인지를 사전에 작성할 필요가 있습니다. 이는 가능한 한 문서생산자가 작성하는 것이 바람직합니다. 이것은 '레코드스케줄'이라고 부르며 레코드스케줄을 결정하기 위한 기준(예를 들어 '법률 입안의 기본방침'은 30년 보존 등)도 각 기관의 문서관리 규칙이 규정하고 있습니다.

지금까지 레코드스케줄의 설정은 이뤄지지 않았습니다. 때문에 어떤 문제가 있었을까요? 예를 들어 생산부터 30년이 경과한 문서를 남길지 버릴지를 고민할 때 그 문서가 가진 역사적 가치를 판단하는 것은 쉽지 않습니다. 생산한 사람은 정년 등으로 퇴직했을 가능성이 높으며 그 문서를 기억하는 사람이 아무도 없을 수도 있습니다. 따라서 지금까지는 그 문서는 '불필요'하다고 판단하여 폐기해버리는 경향이었습니다.

본래 문서의 중요성은 생산한 담당자가 제일 잘 알고 있습니다. 그래서 가능한 한 생산 단계에서 레코드스케줄을 작성하여 문서의 중요도를 판단할 때 참고하자는 것입니다. 그리고 이 레코드스케줄은 어디까지나 '참고'에 지나지 않습니다. 생산자는 언제나 현재를 기준으로 필요 여부를 판단하기 쉬우므로 최종적인 판단은 다른 사람이 하는 것이 바람직합니다. 또한 레코드스케줄 작성을 통하여 생산자는 자신의 업무에 대한 역사적인 가치를 고민할 것이며 나아가 공문서관리에 대한 의식향상도 기대할 수 있습니다.

남길 것인가, 버릴 것인가

보존기간이 만료된 행정문서는 다음 3가지 중 어느 하나의 조치가 이뤄집니다.

① 영구히 보존하기 위해 국립공문서관 등으로 이관한다.
② 보존기간을 연장하여 기관에서 계속 보존한다. 단, 내각총리대신에게 보고할 의무가 있다.
③ 폐기한다. 단, 내각총리대신의 동의가 필요하다.

①은 역사적으로 중요한 문서이므로 영구보존하기 위해 국립공문서관 등으로 이관하고 그곳에서 공개한다는 것이며 ②는 아직 생산기관에서 사용 중이므로 보존기간을 연장해서 계속 가지고 있겠다는 것이고 ③은 영구히 남길 필요는 없으므로 폐기한다는 것입니다.

이 조치는 각 행정기관의 장의 책임하에 진행됩니다. 즉, 남길지 버릴지 첫 번째 판단은 각 행정기관에서 합니다. 이것은 공문서관리법 제정 이전에도 똑같았습니다. 단, 공문서관리법을 근거로 제정된 각 행정기관 문서관리규칙의 기준에 의해 어느 문서가 ① 혹은 ③에 해당될지는 대체로 정해져 있습니다.

또한 공문서관리법에서는 ② 혹은 ③의 조치를 실시할 경우에 외부보고 및 확인을 받도록 설정하였습니다. ②는 '다른 곳에 넘기고 싶지 않다'는 이유로 기관 내에 숨길 수도 있기 때문에 어째서 연장하는지 보고할 필요가 있습니다. ③은 '불리한 문서를 버린다'로 악용할 수 없도록 내각총리대신의 동의가 필요합니다. 각 기관의 판단을 절대 무시하지 않으면서 다른 기관이 점검한다는 것입니다.

이와 관련하여 ③의 점검 업무는 내각부 공문서관리과와 국립공문서관이 하고 있습니다. 내각부의 관료가 관여하지만 역사문서를 전문적으로 취급하는 국립공문서관의 직원도 있기 때문에 심의 자체는 공정하게 이뤄질 것입니다.

그렇다고 하더라도 매년 200만 건이 넘는 폐기 대상 기록물의 점검을 10여 명이 담당하기에 아무리 직원이 노력해도 한계가 있습니다. 폐기처분을 철회시킨 건수는 2012년도에는 637건으로 폐기 기록물의 0.03퍼센트입니다. 각 행정기관의 이관·폐기 판단이 정확한 것인지 혹은 점검을 제대로 못한 것인지는 판단이 쉽지 않습니다.

어느 쪽이든 이 심의를 담당하는 직원 수를 긴급히 증원하지 않으면 폐기 대상 기록물에 중요한 문서가 포함되어 버려질 수도 있습니다. 특정비밀이었던 문서가 이관되면 더욱 업무량이 급증하겠죠. 과도한 업무량에 직원의 피로가 극심한 상황이라 하루빨리 대책이 필요합니다.

관리현황 보고

행정기관은 행정문서의 관리현황 보고서를 매년 내각총리대신에게 의무적으로 제출해야 합니다. 이 관리현황은 인터넷으로 공개되며 누구라도 볼 수 있습니다.

보고 내용은 매년 생산되는 문서의 수량과 이관·연장·폐기 수량

등입니다. 잘못된 폐기와 분실 상황 등도 반드시 보고해야 합니다.

제대로 관리하지 않는다고 판단될 경우 내각총리대신은 각 행정 기관의 장에게 보고서와 자료의 제출을 요구하거나 내각부와 국립 공문서관 직원에게 현장조사를 지시할 수 있습니다.

2012년도에는 원자력안전보안원에서 새롭게 발족한 원자력규제 위원회에 인계해야 하는 행정문서 142건을 자원에너지청이 분실한 사실이 발견되었습니다. 때문에 내각총리대신은 자원에너지청 장관 에게 그 사실관계와 원인분석결과, 재발방지조치에 대한 보고를 요 구하였습니다. 이에 대해 자원에너지청 장관은 과거에 다른 기관에 서 문서를 인계받았을 때에 목록과 실물의 대조작업이 불충분하였 을 가능성이 높다는 등의 보고를 하였습니다.[2]

그나마 공문서관리법 시행으로 이런 부실한 문서관리 실태가 밝 혀졌으며 재발방지 등의 효과가 나타났다고 생각합니다.

문서관리규칙

공문서관리법의 목적이 각 행정기관 문서관리 제도의 통일화라는 것은 앞에서 설명하였습니다. 그로 인해 문서관리규칙의 통일이 이 뤄졌습니다.

이 '규칙의 통일'이라는 부분은 정보공개법 시행 때에 이미 추진 하였습니다. 다만 특별히 법적구속력이 없었기 때문에 얼마나 효과 가 있었는지는 불명확합니다.

공문서관리법에서는 통일 매뉴얼에 해당하는 「행정문서의 관리에 관한 가이드라인」을 내각총리대신 결정이라는 형태로 만들었습니다. 이 가이드라인은 내각부에 설치된 공문서관리위원회(전문가로 구성)에서 심의하였고 대국민 의견공모절차(퍼블릭 코멘트)도 진행하는 등 결정과정을 공개하였습니다. 그리고 각 행정기관은 이 가이드라인에 준하여 문서관리규칙을 만들어야 합니다. 그 규칙은 내각총리대신의 동의를 받아야 하므로 공문서관리위원회에서의 심의도 필요합니다. 즉 문서관리규칙을 각 기관이 마음대로 개정하는 것이 금지되었습니다.

또한 앞에서 설명한 것처럼 관리현황의 보고도 강제하였기 때문에 반드시 통일적인 문서관리를 해야 하는 상황이 되었습니다. 게다가 앞으로는 위반 시 법률위반으로 비판받을 가능성도 높아졌습니다(원자력재해대책본부의 사례 참고). 현장에서 공문서의 적정한 관리가 실제 정착되기에는 시간이 걸리겠지만 제도를 지탱하는 법률이 있기 때문에 언젠가는 이 체계가 자연스럽게 받아들여질 거라고 기대합니다. 다만 앞으로 설명하겠지만 특정비밀보호법에 의해 이러한 장점이 제한될 수 있다는 것을 유념하시기 바랍니다.

3. 행정문서를 열람하려면

현용과 비현용

행정문서의 열람청구는 대상의 '현용' 또는 '비현용' 여부에 따라

청구방법이 달라집니다. '현용'이라는 것은 보존기간 만료 전의 문서이며 기본적으로는 각 행정기관 내에서 보관하고 있습니다. '비현용'은 보존기간이 만료된 후의 문서이며 특히 역사적으로 중요한 문서는 국립공문서관 등으로 이관하여 공개됩니다. 공문서관리법에서는 '특정역사공문서 등'이라는 명칭으로 부릅니다.

현용 행정문서를 열람하려면 정보공개법, 특정역사공문서 등을 열람하려면 공문서관리법에 근거하여 청구를 진행합니다.

정보공개법에 의한 청구

현용 행정문서를 열람하려면 그 문서를 관리하는 행정기관에 정보공개를 청구해야 합니다. 우편으로 할 수도 있으며 인터넷 접수가 가능한 기관도 있습니다.

청구서의 작성방법은 2가지 패턴이 있습니다.

첫 번째는 기록물 목록인 행정문서파일관리부에서 대상 기록물철(행정문서파일)29)을 찾아 기록물철별로 청구하는 경우입니다. 행정문서파일관리부를 확실히 관리하고 있는 기관이라면 이것이 가장 편한 방법입니다. 단, 행정문서파일관리부에 적힌 기록물철 명칭과

---

29) 공문서관리법에서는 행정문서를 집합체(행정문서파일)로 관리하도록 규정하고 있으며 행정문서파일의 분류, 명칭, 보존기간, 보존기간 만료일, 보존기간이 만료되었을 때의 조치 및 보존장소 등을 행정문서파일관리부에 기재하여 관리하고 있음. 이는 우리나라의 「공공기록물 관리에 관한 법률」에서의 문서(건)-기록물철 단위 및 기록물분류기준표(기록관리기준표)로 이해할 수 있음. 이 책에서 행정문서파일은 이해하기 쉽게 기록물철로 번역함.

자신이 찾고자 하는 정보가 일치하지 않을 수 있으므로 공개청구로 제공된 기록물철을 열람했을 때 전혀 다른 정보인 경우도 있습니다.

두 번째는 '○○에 대하여 조사하고 싶다'고 본인이 원하는 정보를 서면으로 제출하고 그 이후에 전화 등으로 담당자와 연락하여 청구대상의 범위를 좁히는 방법입니다. 행정문서파일관리부에 등재된 정보를 파악하기 어려운 경우가 많으므로 실제로는 이 후자의 방법이 일반적입니다. 그러나 자신이 원하는 정보를 입수할 가능성은 높으나 담당자가 꼼꼼하게 찾아주지 않으면 정보 누락이 있기도 합니다.

또한 기본적으로 행정기관에서는 정보공개청구 대응을 '귀찮다'고 생각하므로 대상이 되는 문서를 축소하도록 유도하는 경우가 있습니다.

필자는 이 2가지 방법을 적절하게 사용합니다. 예를 들면 우선 두 번째 방법으로 문서를 찾고 담당자에게 공개된 정보가 어느 기록물철에서 나온 것인지를 물어봅니다. 그리고 다시 첫 번째 방법으로 기록물철별로 청구합니다. 이 방법이라면 꽤 광범위하게 정보를 수집할 수 있습니다.

청구에 소요되는 수수료는 1건당 300엔입니다. 공개 결정되어 열람하는 경우는 100매당 100엔입니다. 복사료는 1장에 10엔입니다(최초에 지불한 300엔에서 열람과 복사비용을 충당하는 것이 가능). 복사료가 발생하는 것은 이해할 수 있으나 열람하는 데 돈을 내는 것은 이상하다고 생각합니다. 정보공개를 많이 이용하는 경우에는 비용을 무시할 수 없습니다. 청구와 열람에 필요한 수수료가 정보공개제도 이용에 장벽이 된다고 지적하는 사람들도 다수 있습니다.

정보공개를 청구하면 기본적으로는 30일 이내에 회신됩니다. 대량의 문서 청구 등의 이유로 시간이 필요한 경우는 추가 30일, 그 이상으로 소요되는 경우에는 공개일을 명확히 명시하여 연장합니다. 2012년도에는 약 90퍼센트가 30일 이내에 공개되었고 대량 청구와 제2차 세계대전 이전의 수기문서의 경우처럼 읽기 힘든 것을 제외하면 대체로 30일 이내에 공개되었습니다.[3]

비밀보호법 이전부터의 문제 - 광범위하게 미치는 비공개 규정

청구된 문서는 공개여부 심의가 진행됩니다. 원칙은 공개지만 아래의 6가지 유형에 해당하는 경우는 비공개로 할 수 있습니다(101페이지의 〈표 2〉 참조). 법률용어라서 약간 어려울 수 있지만 중요한 내용이므로 읽어보시기 바랍니다.

① '개인에 관한 정보'

개인의 사상신념과 신분지위 등 개인에 관한 모든 정보가 '개인정보'에 해당합니다. 이것은 돌아가신 분도 포함합니다. '특정 개인을 식별할 수 있다'는 것은 단지 '이름'이 명시된 것만으로는 해당하지 않고 '이름'에 추가하여 '주소'나 '직장' 등의 정보가 명시되어 그 사람을 특정할 수 있는 것을 의미합니다. 또한 '식별'이라는 것은 그 문서 내에서 식별할 수 있는가의 여부뿐만 아니라 가령 출판된 책과 대조하여 행정문서에 명시된 개인을 '식별'할 수 있는 경우도 이 '특정 개인을 식별'한다는 개념에 포함됩니다.

다만 이렇게 되면 개인에 관한 정보 모두가 비공개될 수 있어서 예외규정이 존재합니다.

첫째, 관행적으로 공개된(공개 예정도 포함) 정보입니다. 예를 들어 기자회견에서 이미 밝혀진 정보 혹은 서훈자 명부처럼 공개를 전제로 한 개인에 관한 정보가 이것에 해당합니다.

둘째, 사람의 생명, 재산 등을 보호하기 위해 공개가 필요한 정보입니다. 구체적인 사례를 들자면 의약품의 부작용 증례(證例) 정보의 공개(환자 이름은 비공개) 등이 그러합니다.

셋째, 공무원 등의 직무수행에 관한 정보입니다. '공무원 등'이라는 것은 국가공무원, 지방공무원, 독립행정법인(지방을 포함)의 상근, 비상근 직원이 해당됩니다. 이러한 직원의 이름은 원칙적으로 공개됩니다. 단, 경찰직원은 기본적으로는 경시(警視)[30] 이상만 공개 대상입니다. 또한 이름을 공개하면 위해를 받을 수 있는 등의 우려가 있는 경우는 비공개로 할 수 있습니다(폭력단 대책 등).

이 비공개 방법은 '개인식별형'이라고 부릅니다. '식별'할 수 있으면 모두 비공개하므로 행정기관에서는 '개인정보'의 범위를 넓게 잡아서 비공개 부분을 확대하는 경향이 있습니다. 홋카이도 등 몇몇 지방자치단체의 정보공개 조례에서는 '프라이버시형' 비공개 방법을 채택하였습니다. 이것은 특정 개인을 식별할 수 있는 정보 중 '통상적으로 타인에게 알리고 싶지 않은' 것만을 비공개하는 방법입니다. 이와 같이 정보의 '유형'이 아니라 '내용'으로 공개 · 비공개를 결정하

---

30) 우리나라의 경감에 해당.

면 비공개가 지나치게 확대되지는 않을 겁니다.

② '법인 등에 관한 정보'

'법인 등'에는 행정기관과 독립행정법인을 제외한 법인, 즉 회사, 학교법인, 특정비영리활동법인(NPO) 등이 포함됩니다. 원칙적으로는 모두 공개대상이지만 공개하면 해당 법인의 정당한 이익을 해치는 정보, 공개하지 않는다고 약속된 정보는 비공개할 수 있습니다. 단, 공개하는 편이 공익에 부합되는 경우에는 공개할 수 있습니다.

③ '국가의 안전 등에 관한 정보' 및 ④ '공공의 안전 등에 관한 정보'

외교방위, 공안 관련 정보는 공개하면 〈표 2〉에 게시된 것처럼 '우려'가 있거나 그러하다고 판단되는 '상당한 이유'가 있으면 비공개할 수 있습니다. 다른 항목과는 다르게 '행정기관의 장'의 재량을 존중한다는 식으로 규정하였습니다. 이는 관련된 정보가 매우 민감한 문제라서 정보를 보유한 기관의 전문적 식견을 중요시했기 때문입니다.

그러나 이 때문에 각 기관의 재량으로 정보의 비공개 부분을 자의적으로 확대하는 것이 가능합니다. 덕분에 외교방위, 공안 관련 정보는 이 2가지 규정으로 정보공개청구 대부분을 무시할 수 있습니다.

⑤ '심의·검토 등에 관한 정보'

행정기관 내부 또는 기관 상호 간의 심의를 진행할 때 논의과정이 밝혀지면 업무수행이 어려운 경우에 그 정보를 비공개할 수 있다는 규정입니다. 공공사업의 입찰가격을 결정하는 과정의 정보 등이 여기에 해당합니다.

⑥ '사무 또는 사업에 관한 정보'

〈표 2〉에 있는 5가지 사례에 대해서만 비공개할 수 있습니다. 읽어보시면 쉽게 이해하실 겁니다.

또한 각 항목에 있는 '우려'라는 것은 추상적 가능성만으로는 적용할 수 없고 법적으로 보호할 필요성이 있는 점을 설명할 수 있어야 합니다.

이상의 6가지가 비공개 규정입니다. 비공개 정보가 포함된 경우 해당하는 부분은 '먹칠'로 처리하여 볼 수 없습니다. 비공개로 통보받은 청구인이 불복할 경우는 정보공개 · 개인정보보호심사회로 심사를 청구할 수 있습니다.

이 비공개 규정은 상당히 광범위하게 적용된다는 걸 알 수 있습니다. 개인정보의 범위도 넓으며 외교국방, 공안 관련 정보는 거의 모두 비공개할 수 있습니다. 민주당이 정권을 잡은 2011년에 이 비공개 규제를 완화하는 정보공개법 개정안이 각의(閣議) 결정까지 통과하였습니다. 그러나 동일본 대지진 발생 및 정보공개에 그다지 열의를 보이지 않는 노다(野田) 내각의 태도로 인해 결국은 방치되어 폐기되었습니다. 매우 안타까운 일입니다.

〈표 2〉 정보공개법의 비공개 정보(정보공개법 제5조)

번호	정보	비공개 정보의 유형
①	개인에 관한 정보	특정 개인을 식별할 수 있는 정보로 아래에 해당하지 않는 것 ㉮ 법령의 규정 및 관행적으로 공개하거나 공개 예정된 정보 ㉯ 사람의 생명, 재산 등을 보호하기 위해 공개할 필요가 있는 정보 ㉰ 공무원 등의 직무 수행에 관한 정보
②	법인 등에 관한 정보	법인, 기타 단체 또는 사업을 운영하는 개인에 관한 정보로 아래에 열거된 것(사람의 생명, 재산 등을 보호하기 위해 공개할 필요가 있는 정보는 제외한다) ㉮ 공개하는 것으로 인해 해당 법인 등의 경쟁상의 지위 등 정당한 이익을 해할 우려가 있는 정보 ㉯ 공개하지 않겠다는 조건으로 임의로 제공된 정보
③	국가의 안전 등에 관한 정보	공개하는 것으로 인해 국가의 안전과 타국 등과의 신뢰관계가 손상될 우려, 교섭상 불이익을 받을 우려가 있는(그러하다고 행정기관의 장이 인정하는 것에 대해 상당한 이유가 있는) 정보
④	공공의 안전 등에 관한 정보	공개하는 것으로 인해 범죄의 예방과 수사, 기타 공공의 안전과 질서유지에 지장을 줄 우려가 있는(그러하다고 행정기관의 장이 인정하는 것에 대해 상당한 이유가 있는) 정보
⑤	심의·검토 등에 관한 정보	국가기관 등의 내부 또는 기관 상호간에 심의, 검토, 협의에 관한 정보로서 공개하는 것으로 인해 솔직한 의견교환·의사결정의 중립성이 부당하게 손상되는 등의 우려가 있는 정보
⑥	사무 또는 사업에 관한 정보	사무 또는 사업에 관한 정보로서 공개하는 것으로 인해 아래에 열거된 우려가 있는 정보 ㉮ 감사, 검사, 단속, 시험 또는 조세의 부과 등의 사무를 곤란하게 할 우려 ㉯ 계약, 교섭 또는 쟁송에 관하여 재산상의 이익, 당사자로서의 지위를 부당하게 손상시킬 우려 ㉰ 조사연구에 관련된 사무에 관하여 공정하고 능률적인 수행을 부당하게 저해할 우려 ㉱ 인사관리에 관련된 사무에 관하여 공정하고 원활한 인사의 확보에 지장을 줄 우려 ㉲ 국가 또는 지방공공단체가 경영하는 기업·독립행정법인 등의 사업에 관하여 기업경영상의 정당한 이익을 해할 우려

국립공문서관 등

특정역사공문서 등의 열람은 국립공문서관 등에서 이뤄집니다. '등'이라는 것은 행정기관의 일부가 예외로 인정되기 때문입니다.

역사적으로 중요한 행정문서는 기본적으로는 국립공문서관으로 이관됩니다. 국립공문서관은 도쿄 기타노마루공원에 있으며 대일본 제국 헌법과 일본국 헌법 원본 등을 보관하고 있습니다.

다만 국립공문서관이 설립되기 전부터 기관 내에서 역사적으로 중요한 문서를 독자적으로 관리해왔던 외무성과 궁내청(宮內廳)만은 각각 외무성 외교사료관, 궁내청 서릉부(書陵部) 궁내문서관(宮內文書館)으로 문서이관을 허용하고 있습니다. 이 두 기관도 국립공문서관과 똑같이 공문서관리법 규정을 따르고 있습니다.

또한 제2차 세계대전 이전의 육해군 행정문서는 미군이 패전 직후에 압수하여 이후에 반환한 문서, 군인들이 은닉한 문서 등을 방위성 방위연구소 전사(戰史)연구센터 사료실에서 소장하고 있습니다. 단, 이 문서들은 일단은 행정문서로서의 취급에서 벗어났기 때문에 현재는 '특정역사공문서 등'으로 취급하지 않으며 역사적으로 중요한 행정문서와는 다르게 취급합니다.

공문서관리법에 의한 청구

국립공문서관 등에서 문서열람은 목록을 통해 이뤄집니다. 현용 행정문서와는 다르게 목록을 제대로 관리하고 있으므로 제목으로 내용은 거의 파악할 수 있습니다. 때문에 검색으로 찾은 것을 청구하면 열람할 수 있습니다.

이미 심의가 끝나서 공개된 문서는 방문하면 바로 볼 수 있습니다. 또한 제2차 세계대전 이전의 문서를 중심으로 국립공문서관과 아시아역사자료센터의 디지털 아카이브에서 원문 공개가 속속 이뤄지고 있어서 인터넷으로 열람이 가능합니다. 외교사료관에서도 일부 자료를 인터넷에 공개하고 있습니다.

심사가 아직 끝나지 않아서 '심사 필요'라고 표시된 문서는 공문서관리법에 따라서 사전에 이용청구를 해야 합니다. 청구를 근거로 심사를 하고 정보공개법과 똑같이 원칙적으로 30일 이내, 30일 연장, 공개일을 명시하고 추가 연장이라는 3가지로 공개결정을 합니다. 2012년도에는 약 90퍼센트가 30일 이내로 결정이 되었습니다.[4]

심사에는 정보공개법 비공개 규정의 ①과 ②, ⑥의 ㉮와 ㉰를 적용하며 심지어 ③과 ④도 기록물을 이관한 행정기관의 장이 이유를 대면 비공개할 수 있다는 식으로 공문서관리법 제16조에 규정하고 있습니다. 그리고 제16조 제2항에는 '시간의 경과를 고려한다'라는 문장이 들어가 있기 때문에 이제는 공개해도 문제가 없는 문서는 공개됩니다. 생산·취득 당시는 공개가 무리였어도 30년이 경과하면 그것을 숨길 필요가 없어지는 경우가 많이 있습니다. 예를 들면, 현재의 최신기술에 관한 정보는 30년이 경과하면 이미 과거의 유물에 지나지 않을 가능성이 높습니다. 정보는 시간의 경과와 함께 열화(劣化)됩니다.

또한 외교방위, 공안 관련 정보에 대해서는 기록물을 이관한 기관의 의견을 따르도록 규정하고 있습니다. 국립공문서관 등의 기관에서 독자적으로 판단할 수 있는 여지는 있겠지만 기록물을 이관한 기관의 주장에 반하는 공개를 하는 것은 사실상 쉽지는 않겠죠.

이 점은 비밀보호법과의 관계에서 매우 중요하므로 기억해주시기 바랍니다.

현재 행정문서의 현용·비현용과는 상관없이 외교방위와 공안정보에 대해서는 상당히 엄격한 비공개 규정이 존재하며 이러한 문서는 몇 년이 경과해도 국민들은 볼 수 없습니다. 심지어 국립공문서관 등에 이관하였어도(실제로는 이관조차 되지 않지만) 이관한 기관이 '보여주기 싫습니다'고 하면 공개되지 않습니다. 비밀보호법 이전부터 이러한 정보는 계속 은폐되었던 것이 오늘날의 일본입니다(외교문서는 타국이 공개하면 그에 따라야 하므로 예외적으로 공개가 이뤄지고 있습니다).

부정적인 점을 많이 열거하였지만 실제로는 국립공문서관 등에 공개청구한 문서 대부분은 그대로 공개됩니다. 비공개된 것의 대부분은 ①의 개인정보 규정에 관련된 것입니다. 공문서관에 근무하는 아키비스트들은 공문서관이 소유한 자료가 더욱더 이용되길 바라면서 가능한 한 공개하려고 노력하고 있습니다. 법적인 규제를 좀 더 완화할 필요가 있다고 필자는 생각합니다.

편리해진 국립공문서관 등

공문서관리법 시행 이전에는 국립공문서관과 외교사료관, 궁내공문서관의 규정이 제각각이었습니다. 또한 공개청구를 해도 심사에 걸리는 기간이 법정화되지 않아서 얼마나 기다려야 할지 예측할 수 없었습니다.

필자는 연구 목적으로 궁내공문서관을 자주 이용하였지만 공문서관리법 이전은 공개청구를 하면 최저 3개월, 길면 심의종결까지 몇 년이나 걸렸습니다. 지금은 원칙적으로 30일이면 공개되므로 그 공개 속도에 감격스럽기까지 합니다.

또한 공문서관리법 시행에 따라 규정된 가이드라인 덕분에 디지털 카메라로 자료촬영이 가능해졌습니다. 원본을 복사기로 복사하면 자료를 손상시키기 때문에 과거에는 마이크로필름 촬영본을 인화하거나 손으로 쓰거나 (PC에 입력하거나) 정도밖에 할 수 없었습니다. 디지털 카메라로 촬영이 가능해진 것은 연구의 진전에 매우 큰 도움이 된다고 생각합니다.

이러한 시설은 연구자 이외는 친숙하지 않을 수 있습니다. 그래도 시험 삼아 디지털 아카이브를 이용해 보면 어떨까요? 근현대의 유명한 자료, 예를 들면 러일전쟁의 쓰시마해전에서 일본 연합함대가 러시아 발트함대를 발견한 후 출격하면서 보낸 전보 '오늘 날씨는 맑으나 파도는 높다'5 등도 업로드되어 있습니다. 국립공문서관과 아시아역사자료센터의 웹사이트에서는 이러한 유명한 자료를 정리한 웹페이지를 서비스하고 있으므로 이곳에서 역사적인 행정문서의 세계를 체험해보셨으면 합니다.

4장: 공문서관의 국제비교

구보 도루

4장: 공문서관의 국제비교

-구보 도루

'세계와 비교하여 일본은 ○○가 뒤쳐진다'라는 귀에 익숙한 표현은 그다지 사용하지 않고 싶습니다. 정말 다른 나라가 더 우수한 지 궁금하기도 하고 일본은 일본다워서 좋다고 생각한 적이 많았기 때문입니다. 그러나 공문서관 현황에 대해서는 전혀 반박할 수 없을 정도로 뒤쳐져 있습니다. 시설 규모, 공문서의 정리 · 공개 현황, 그 곳에서 근무하는 전문가와 직원, 공문서관리의 근간이 되는 법제도 정비 등 일본은 모든 면에서 확연히 뒤쳐져 있습니다. 게다가 이러한 문제는 오랜 역사적 배경에 기인합니다. 현실을 인정하고 근본적인 대책을 세워야 합니다.

1. 시민혁명에서 태어난 서양의 공문서관

서양은 시민혁명으로 근대국가가 탄생하고 곧바로 보통선거를 실시하여 민중이 정치에 참여하는 시대에 공문서관이 설립되었습니다. 혁명정권이 공포한 법령과 정책문서를 체계적으로 보관하고 그것을 민중이 참조하도록 한다는 것이 설립 당시의 중요한 목적입니다. 단순히 규모가 큰 건물설비가 들어선 게 아니라 시민생활 속으로 깊숙이 녹아들어간 존재라는 점에서도 주목해야 합니다.

150년의 역사 – 영국의 공문서관

런던 교외에는 큐 가든(Kew Gardens)이라는 녹음을 품은 왕립식물원이 펼쳐져 있습니다. 그 주위의 한적한 주택지 모퉁이에 설립된 희고 큰 건물이 영국의 공문서관인 내셔널 아카이브즈(The National Archives = TNA, 구 명칭은 퍼블릭 레코드 오피스 = Public Record Office = PRO) 본관입니다. 이곳에는 11세기 이후의 영국의 내정, 외교 관련 막대한 공문서들을 보관하고 있으며 외국의 연구자들이 그것을 열람하기 위해 방문하고 있습니다. 연구자뿐만 아닙니다. 1980년대에 필자가 처음 이곳을 이용했을 때 자기 조상과 주거지의 유래 등을 조사하기 위해 영국의 일반시민도 다수 방문하였습니다.

영국에서 처음 공문서에 관한 법률이 제정된 것은 프랑스(앞으로 설명하겠지만 혁명 후 세계에서 가장 먼저 시민을 위한 공문서관을 정비한 곳은 프랑스입니다)보다 약 반세기 늦은 1838년입니다. 그리고 20년 후인 1858년에 런던 시내 챈서리 레인(Chancery Lane)에 수장고와 열람실이 설립되었습니다.

TNA는 1977년에 건립되었습니다. 이곳은 스코틀랜드의 공문서관

(National Archives of Scotland 에딘버러)과 북아일랜드 공문서관 (Public Record Office of Northern Ireland 벨파스트)과도 연계하여 공문서 관리를 하고 있습니다.

공문서의 체계적인 보존과 관리

필자가 TNA를 방문한 것은 중국의 관세·무역 문제를 둘러싸고 1930년대에 영국정부가 중국과 일본, 미국 등과 진행한 외교교섭 기록을 조사하기 위해서였습니다. 국가 간의 외교교섭 기록이라면 당연히 양국에 동일한 기록이 남아있어야 합니다. 영국에 가기 전에 이미 일본 기록은 일본 외교사료관에서 조사하였고 중국에 남아있는 기록은 매우 적다는 것도 확인하였기 때문에 영국 기록으로 과연 얼마나 새로운 정보를 얻을 수 있을지 솔직히 불안하였습니다.

그러나 실제 방문하여 관련 문서를 조사해보니 예상한 것과 전혀 달랐습니다. 방대한 양의 체계적인 정보가 그곳에 잠들어 있었습니다. 홈스테이로 큐 근방 민가에 머물렀던 약 3주간 평일에는 매일 아침부터 밤까지 TNA 열람실에 출근하여 문서를 필사하고 필요 부분은 복사를 의뢰하였습니다.

같은 문제를 다루면서 어째서 이 정도까지 정보량의 격차가 심할까요? 그 이유는 문서를 실제로 읽어보면 바로 알 수 있습니다.

중국에 대한 영국의 외교교섭을 예로 들어보겠습니다. 어떤 문제에 대한 교섭방침을 결정하기까지는 본국 외무부의 담당부서에서 원안을 작성하여 무역부 등 관계부처와의 조정을 진행하고 최종적으로 외무장관의 승인을 받는 일련의 과정이 존재합니다. 때로는 그 과정에서 경제단체 등에서 요청문서가 전달된다든지 국회 심의가 진행되기도 합니다. 그러한 시점마다 작성된 중요한 관계문서는 그 작성에 관계한 관료의 서명이 모두 들어간 채로 한 권으로 묶여서 TNA에서 체계적으로 보관하고 있습니다.

중국정부의 교섭 태도가 중국 주재 영국공사로부터 보고되면 그 보고에 대한 외무부 담당부서와 관계자의 코멘트가 들어간 문서가 축적되고 최종적으로 새로운 대응방침을 결정하기까지의 과정이 또 한 권으로 묶이게 됩니다. 이러한 체계성을 가진 문서철이 TNA로 이관되기 때문에 매우 많은 정보를 체계적으로 분석하는 것이 가능해집니다.

유감스럽게도 일본의 외교사료관과 국립공문서관에서는 이러한 묶음을 가진 문서철을 기대할 수 없습니다. 중국의 경우도 어떤 하나의 정책을 결정하기까지의 결정과정에 관한 문서들은 별로 보존하지 않습니다. 하나하나의 정책에 대한 관료의 개인책임까지 명확히 하는 것이 영국의 공문서이며 그것과는 전혀 정반대의 '얼굴 없는 문서'가 일본의 공문서라고 말할 수 있습니다.

공문서의 선별과 보존

영국의 공문서관리가 확실한 이유 중 하나는 공적기관에서 생산한 공문서 중에서 어느 문서를 남기고 보존하는가에 대한 평가선별 시스템을 확립하였기 때문입니다. 이는 20세기 중반에 그리그 위원회에서 결정한 방법입니다. 기록을 생산하고 수년 후에 해당 행정기관의 담당자가 1차 선별을 하고 생산부터 25년 후에 아키비스트가 2차 선별을 하여 영구보존자료를 결정합니다.

그러나 최근 기록의 증가와 문서자료 디지털화, 정보자유법 공포(2000년) 등의 새로운 흐름에 따라서 현재는 TNA와 관계부서가 협력하여 선별기준을 결정하고 이를 근거로 TNA의 지도 · 감독하에서 문서생산 부서가 평가선별하는 방식으로 바뀌었습니다.

그 결과 최종적으로 TNA에 이관되는 것은 정부기관 공문서의 5퍼센트 미만으로 조정되었고 그 외의 영구보존 공문서는 국내 240개 기관(지방공문서관, 국립도서관, 국립미술관 등)에 분산보존되었습니다. 또한 공문서를 최종적으로 선별하여 이를 보관할 기관을 확정할 때까지 임시보존을 위한 창고도 설치되었습니다.

또 하나 주목해야 할 점은 문서관리 전문가 양성과정이 런던대학, 리버풀대학 등의 대학원에 설치된 것입니다. 석사학위를 취득한 전문가가 TNA를 비롯한 각지의 문서관에서 문서의 선별과 보관 업무를 담당하고 있습니다.

혁명이 낳은 공문서관 – 프랑스

프랑스혁명이 일어난 다음해인 1790년 혁명정부는 왕정시대의 문서를 보존함과 동시에 자신들의 시책을 체계적으로 보관하여 민중에게 알려주기 위하여 행정명령을 통해 국립공문서관을 설립하였습니다. 그리고 1794년에는 공문서관 제도의 기초를 다지는 법제를 정비하였습니다. 공문서의 보존과 공개는 혁명과 함께 시작되었습니다. 그 후 1978년에 이르러 새로운 문서보존법이 공포되었습니다.

프랑스 정부의 프랑스 공문서관국(Archives de France)은 국립공문서관, 지방자치단체(광역(region), 도(department), 시(commune) 등) 단위의 공문서관, 그 외의 공문서 보관 인정시설 등 모두 약 800개의 공문서관을 총괄합니다. 또한 국립공문서관 자체가 역사공문서관, 현대공문서센터, 해외공문서센터 등 5개 조직으로 구성되며 외무부와 국방부는 각각 독자적으로 공문서관을 설치하였습니다.

보존해야 하는 공문서의 선별작업은 영국과 동일하게 공문서관의 주도권 하에서 진행됩니다. 공문서관에서 각 행정기관으로 파견된 문서관리관이 행정기관 담당자와 협력하여 문서목록을 작성하고 보존기간과 최종처분 원안을 작성합니다.

국립고문서학원(Ecole nationale des chartes), 국립문화유산학원 (Institut national du patrimoine) 등 매우 전문성 높은 아키비스트 양성기관이 존재하는 것 외에 지자체와 기업 문서보존을 담당하는 아키비스트를 양성하는 코스도 몇몇 대학에 개설되어 있습니다.

강대한 권한을 가진 공문서관 – 미국

미국은 후버, 케네디 등 역대 대통령 이름을 붙인 문서관[31]이 각지에 설립되어 각각 대통령 집무 시절의 문서를 체계적으로 보관하

---

31) Presidential Library. 우리나라는 「대통령 기록물 관리에 관한 법률」에 의거하여 대통령 기록을 보존관리 및 활용하는 대통령기록관이 설치되어 운영 중임.

는 독자적인 체재도 존재합니다. 그러나 기본적으로는 내셔널 아카이브즈(National Archives and Records Administration=NARA)라고 불리는 국립공문서관 기록기구가 국가 전체 공문서관리를 지휘하는 통합기관이며 1,000명이 넘는 직원을 보유한 국립공문서관 본관 외에 신관, 각 지역의 기록보존센터(레코드센터) 등을 두고 있으며 강대한 권한을 가지고 있습니다. 대통령의 이름을 딴 각 지역의 문서관도 물론 그 감독 아래에 있습니다.

미국의 내셔널 아카이브즈에 관한 법률(National Archives Act)은 1934년에 제정되어 다음해 1935년에는 전용 건물이 수도 워싱턴에 건설되었습니다.

필자가 이용한 후버 아카이브즈는 샌프란시스코 근교의 스탠포드 대학에 설립되어 있는 문서관이며 후버 대통령 집무시절의 문서 외에 동시대의 정치가와 관료 개인문서들도 대량으로 보관하고 있습니다. 그 중에서 중국 국민당 정권의 재정고문을 지냈던 A·Young이 기증한 개인문서가 있는데 근현대 중국 경제사를 전공한 필자에게는 매우 흥미 깊은 사료가 포함되어 있었습니다.

최근 장제스(장개석)의 일기도 대만에서 이곳으로 가져와서 공개하여 주목을 끌었습니다. 물론 이러한 개인문서들은 이 책이 주제로 다루는 행정기관이 작성한 공문서와는 성격을 달리합니다. 그러나 정책결정과정을 고찰하는 데 있어서는 공문서뿐만 아니라 개인이 남긴 메모들과 일기가 귀중한 단서를 제공해주는 경우가 많습니다.

주제를 다시 원점으로 돌리겠습니다. 미국 행정기관의 통상적인 공문서는 NARA가 제정한 규정(General Records Schedule=GRS)에 근거하여 각 행정기관 스스로 선별하고 있으며 영구보존문서는 통상 생산하고 25년 후에 공문서관으로 이관합니다.

미국은 프랑스와 독일과 같이 국립 아키비스트 양성학교는 존재하지 않지만 전국에 약 30개 대학원의 도서관정보학과와 역사학과에 아키비스트 양성과정이 설치되어 있습니다.

2. 왕조의 전통을 계승한 중국의 공문서관

정사편찬을 위한 문서보존

서양의 공문서관과 비교하여 약간 다른 역사를 가진 게 중국의 공문서관 제도입니다. 정사(正史)를 편찬하는 것은 다음 왕조의 의무였습니다. 이를 위해서 현재 왕조는 반드시 중요문서를 체계적으로 보관해야 하며 이것이 왕조시대의 전통이었습니다. 그러한 전통에서 본다면 1911년에 격발된 신해혁명을 거쳐 1912년에 성립된 중화민국정부는 이전 왕조였던 청조(淸朝)가 보전한 문서로 청나라의 정사(正史)를 편찬해야 합니다. 그리고 자신들의 통치를 기록한 문서를 체계적으로 남겨야 합니다. 기본적으로 그러한 전통을 이어왔던 구조 하에서 근대 중국의 공문서관은 발족하였습니다.

구체적으로 살펴보면 1913년에 설립된 청사관(淸史館)은 전대인 청조의 역사편찬을 맡았고 1927년에는 『청사고(淸史稿)』를 완성하였습니다. 한편 1914년에 설립된 국사관(國史館)은 중화민국의 역사기록 수집과 정리보관을 담당하였습니다. 다만 이후에 국사관은 예산부족으로 1917년에 부득이하게 활동이 정지되고 1947년에 겨우 재건되었습니다. 그러나 때마침 중화민국이 붕괴되고 중화인민공화국이 1949년에 성립되어 다시 활동이 중단되었습니다. 또한 청조의 궁정 문서는 1925년에 설립된 고궁박물원 문헌부(1929년, 문헌관으로 개조)가 보관과 정리를 담당하였지만 그 일부는 나중에 대만으로 옮겨졌습니다.

중앙·지방의 3,000개가 넘는 공문서관

현재 중화인민공화국에는 중앙정부 소관의 국가 단위 공문서관으로 3관이 설치되어 있습니다. 하나는 명대·청대의 역사적 공문서를 보관하는 제1역사당안관이며 베이징(北京) 고궁(자금성)의 한 모퉁이에 설립되어 있습니다. 각 지역의 보고문서와 황제가 매일 결재했던 정책문서를 포함한 방대한 컬렉션은 명·청사 연구의 보고이기도 합니다.

이어서 1912년부터 1949년까지의 중화민국 시기의 공문서는 난징(南京)의 제2역사당안관에서 보관하고 있습니다. 단, 중화민국 시기 문서의 상당 부분은 국민당 정권의 국가통치가 붕괴된 1949년에 대만으로 반출되었고 지금은 대만 타이베이(台北)의 고궁박물원(故宮博物院)과 국사관(國史館) 등에서 보관하고 있습니다.

제2역사당안관 부지는 국민당 정권의 수도였던 난징 관청가인 중산동로(中山東路)에 인접해 있으며 문을 나서면 정면에 중화민국 시기에 건설된 궁전양식 건물이 자리 잡고 있습니다. 필자가 처음 이용한 1980년대에는 그곳에서 문서를 열람하였지만 1990년대 이후 바로 뒤편 신축건물에 열람실이 설치되었습니다. 행정·사법 관련 대량의 문서를 보관하고 있으며 재정경제 및 교육 관련 등의 문서는 비교적 잘 정리되어 있습니다.

그러나 일본 침략의 상흔이 공문서 영역에도 생생히 남아서 전쟁 전의 공문서가 반드시 체계적으로 보관되어 있지는 않으며 이미 소실된 것도 적지 않습니다. 더욱이 군사, 외교 관련 문서는 엄격한 이용제한이 걸려 있어서 열람조차 쉽지 않습니다. 또 전쟁 이후의 문서는 정부의 붕괴로 인하여 현용문서 상태로 남겨진 것이 대부분이며 거의 선별작업이 이뤄지지 않았습니다. 이러한 다양한 문제가 있더라도 1980년대에 제2역사당안관의 공문서 이용이 가능해진 이후부터는 중화민국사 연구라고 알려진 20세기 전반의 중국사 연구가 비약적인 발전을 하였습니다.

그리고 1949년 이후의 공문서 및 중국공산당 문서, 공산당이 관여한 혁명운동에 관한 문서 등을 대량으로 보관하고 있는 곳이 베이징에 있는 중앙당안관입니다. 단, 이 공문서관은 일반인에게 공개하지 않습니다. 외국인 연구자뿐만 아니라 중국의 일반 시민, 중국인 연구자도 관계자 이외는 누구도 접근할 수 없습니다. 그 결과 일반 역사학자가 중화인민공화국의 역사를 자유롭게 논하는 것은 지금도 어려운 상황입니다.

최근에 이르러 중앙부처의 하나인 외교부가 자신들의 공문서관을 일반인에게도 공개하였습니다.

한편 주목해야 할 점은 국가 단위 공문서관과는 별개로 각 성(省)과 시(市), 현(縣) 단위별로 공문서를 보관하고 공개하는 당안관이 전국 각지에 3,000개 이상 설치되어 있다는 것입니다. 그리고 그 하나하나의 공문서관의 규모가 대단히 큽니다. 그 중에서도 상하이시(上海市) 당안관과 베이징시(北京市) 당안관은 중화인민공화국 시기의 공문서도 포함하여 내외국 연구자들에게 널리 문호를 개방하고 있으며 그 공문서를 이용한 우수한 역사연구가 다수 발표되었습니다.

중국판 비밀보호법 – 국가보밀법(國家保密法)

한편 중국에서는 당안법(檔案法)이라는 공문서의 관리와 공개를 규정한 법률 이전에 국가비밀보호법(중국어로 「保守國家秘密法」, 통칭 「保密法」)이 1988년 9월에 제정되었습니다. 여기에서 '국가비밀'은 '국가의 안전과 이익에 관한 것'이며 '일정 기간, 일정 범위의 사람만 알아야 하는 것'으로 규정하고(제2조) 군사, 외교, 경제, 과학기술 등 여러 분야에 걸친 정보가 그 범위에 포함되어 있습니다(제9조).

그러면 누가 그 비밀정보의 범위를 결정하는 것일까요? 그것은 국가의 비밀보호행정관리부처가 외교·공안·국가안전의 각 부처와 회의를 열어서 결정하고 군사정보에 대해서는 중앙군사위원회 스스로 결정한다고 규정하고 있습니다(제11조).

국가의 비밀은 국가가 결정한다는 매우 솔직한 입법이며 민중이 국가권력을 감시한다는 생각과 정반대인 법률이라고 말할 수 있습니다. 이 국가보밀법이 있는 한 국가에 불리한 정보는 일체 공개되지 않습니다. 그리고 비밀을 누설하면 그 내용에 따라서 엄한 형사책임을 묻도록 되어 있습니다(제48조~51조). 말하자면 '중국판 특정비밀보호법'인 것입니다. 어쩌면 중국의 법률 제정이 더 빨랐으니까 아베 정권의 특정비밀보호법을 '일본판 국가보밀법'이라고 불러야 할지도 모르겠습니다.

이 법률을 근거로 중국은 국가보밀국(國家保密局)을 설치하여 전문직원을 배치하고 밤낮으로 '국가비밀'의 보호와 경계를 담당하고 있습니다. 더욱 곤란한 것은 '국가비밀'의 범위는 그 당시 정권의 판단에 따라 자의적으로 변경되어 이전 사례조차 믿을 수가 없습니다. 아베 정권이 부러워할 정도의 모범사례가 되지 않을까요?

대륙의 문서도 포함하여 공개가 진행 – 대만

대만에는 크게 3가지 계열의 공문서가 존재하고 각각 보관과 공개 체제가 정비되어 있습니다. 첫 번째는 국민당 정권이 중국대륙에서 가져온 중화민국 정부의 공문서와 청조의 궁정문서, 두 번째는 일본 식민지 지배기의 공문서, 세 번째는 국민당 정권이 대만으로 옮겨오고 나서부터 현재에 이르기까지의 대만통치에 관한 공문서입니다.

첫 번째는 본래 국민당 정권의 통치 정통성을 계승하기 위해 반입·보관해온 것이지만 현재는 소위 대만의 중국 정체성을 지지하는 근거로도 이용되는 중요한 문서가 되었습니다.

현재는 타이베이 총독부 바로 뒤에 건축된 국사관(國史館)이 중

화민국 정부 공문서의 주된 관리기관이며(대만에서의 창설은 1957
년이며 문서의 보관장소는 교외에 있는 신관에 설치되어 있다) 장기
집권 여당인 국민당의 문서는 당사위원회(党史委員會), 청조·중화
민국 외교문서와 경제 관련 문서 일부는 중앙연구원 근대사연구소
당안관(檔案館), 청조의 궁정문서는 고궁박물원(타이베이)에 보관하
여 각각 국내외 연구자에게 공개하고 있습니다.

두 번째인 일본 식민지 지배기의 문서들은 일찍이 타이중(台中)[32]
의 대만성문헌위원회(台湾省文献委員會)가 관리하던 구총독부 문서
이며 현재는 국사관 대만문헌관에 보관하고 있습니다. 1895년부터
1945년까지에 이르는 일본 통치시대의 방대한 양의 행정문서가 체
계적으로 보관되어 일본의 식민지 지배의 실태를 해명하는 데 의미
가 있습니다. 그뿐만 아니라 이 시기 대만의 사회·경제 변화과정
탐구에도 없어서는 안 되는 중요한 존재입니다. 이것들은 소위 대만
정체성과 관련된 문서라고 말할 수 있습니다.

그리고 마지막으로 현재 대만 정부의 공문서는 1999년에 공포하
여 2002년부터 시행된 국가당안법에 따라서 기본적으로 당안관리국
이 관리하고 있습니다. 외교부와 군정부(軍政部) 등 정부부처 중에
서도 독자적인 공문서관을 갖고 있는 곳이 있으며 연구자가 그 공문
서를 열람하는 것도 가능합니다.

공문서는 영구보존인 국가당안과 임시보존인 기관당안으로 분류
되어 전자는 당안관리국에서 후자는 각 부처에서 관리합니다. 이 구

---

32) 대만 중부에 위치한 경제도시.

별은 각각의 부처에서 실시하지만 각 부처 기관당안의 임시보존 연한은 당안관리국이 원안을 만들어 행정원(일본의 내각에 해당)이 최종결정을 합니다. 기관당안을 각 부처가 마음대로 폐기하는 것은 허락되지 않습니다. 공문서관리의 원칙이 명확히 규정되어 있다고 말할 수 있겠죠.

대만사회는 다양한 영역의 공문서관리와 정보공개 제도 정비를 위하여 활발한 움직임을 보이고 있습니다.

영국의 공문서관 전통을 계승 – 홍콩

중국의 수많은 공문서관 중에서도 두드러진 존재가 아마 홍콩의 당안관일 것입니다.

원래는 영국 식민지 시대에 홍콩 관청의 일개 부서로 설치된 공문서관(Public Reocrd Office)이며 1997년에 중국 주권이 회복된 후부터는 홍콩특별행정구의 행정기구에 편입되었습니다. 아시는 바와 같이 홍콩은 시장경제 하에서 자유로운 경제활동이 가능한 것을 표방해온 도시이며 사회경제 측면에서 정부의 역할은 그다지 크지 않았습니다. 또한 식민지였기 때문에 외교와 군사 등 주로 본국의 정책결정과 관련된 부분은 홍콩 당안관 소장문서에 많은 기대를 할 순 없습니다. 그러나 2번에 걸친 방문에서 필자가 받았던 인상으로는 영국의 공문서관 행정시스템을 채용한 부분도 있어서 그런지 19세기 이후의 중요문서가 상당히 체계적으로 정리·보존되어 있었습니다.

3. 독립을 기록한 아시아의 공문서관

　서양과 중국의 공문서관을 자세히 살펴보면 일본의 공문서관 행정의 뒤쳐짐을 절실히 느낄 수 있습니다. 그렇다면 다른 아시아 국가와 비교하면 일본이 더 나을까요? 사실 그렇지 않습니다. 보다 확실히 말한다면 일본보다 더 충실히 공문서관 행정을 하고 있는 국가가 있으며 일본은 공문서관리의 측면에서는 아시아 중에서도 가장 뒤쳐진 국가 중 하나입니다.

　제2차 세계대전 후 국가를 건설한 대다수의 아시아 국가는 식민지 시대를 포함한 과거부터 현재까지의 행정문서를 공문서관에서 체계적으로 정리·공개하는 업무를 독립국가의 근거를 명확히 해주는 매우 중요한 과제로 여기고 있습니다.

왕조시대·식민지 시기·건국 이후의 3종의 공문서 - 한국

　한국도 3가지 체계의 공문서를 가지고 있습니다. 첫 번째는 조선왕조 문서이며 원래는 왕궁 한 모퉁이에 건립된 규장각에 보관하고 있었습니다. 현재는 서울대학교에 박물관 기능도 가진 동일명칭의 거대한 건물이 건설되어 조선시대 문서의 보관정리와 공개전시를 담당하고 있습니다.

　한편 그것과는 별개로 1969년에 한국정부 총무처에 소속된 정부기록보존소를 설립하여 식민지 시대의 조선총독부 문서와 현재 한국정부의 문서를 체계적으로 정리·보관하는 체제가 정비되었습니다.

대전에 본부, 부산에 분관, 서울에 사무소를 둔 정부기록보존소는 1998년에 행정기구 개편과 함께 행정자치부 관할이 되었습니다. 그때 서울 사무소를 방문한 적이 있었습니다. 그곳에서 열람자 편의를 위해 일본어로 쓰인 조선총독부 문서도 한글로 검색할 수 있는 것을 보면서 식민지 시대 정보를 정리하고 공개하기 위해 쏟은 엄청난 열의를 느낄 수 있었습니다. 1999년에 「공공기관의 기록물관리에 관한 법」이 공포된 후 공문서 선별 및 관리 체제도 새로워졌습니다. 2004년에는 정부기록보존소에서 국가기록원으로 이름을 바꾸고 조직확대를 거치며 현재에 이르렀습니다. 국가기록원에는 문서관리 전문가를 포함한 324명의 직원이 근무하며 명지대학교 등 전국 22개 대학원의 정보학과 등에 전문가 양성과정이 개설되어 있습니다(2013년 현재).

직원 수는 일본의 6배 - 베트남

1945년에 독립을 선언한 베트남은 프랑스 식민지 시대의 문서와 그 이전의 베트남 왕조시대의 문서를 포함하여 다양한 문서들을 보유하고 있습니다.

하노이에는 프랑스 식민지 시대의 하노이 중앙문서관의 후신인 제1국립공문서센터가 1963년에 설립되었고 응우옌 왕조 문서사료(1802~1945년), 프랑스 총독부 문서사료 등을 보관하고 있습니다.

또한 1945년 이후의 남베트남 관련 자료(베트남 공화국 정부, 임시혁명정부, 해방민족전선관련기관 등을 포함)와 남북이 통일된 1976년 이후의 남부지역 공문서를 보관하고 있는 곳이 호치민 시에 있는 제2국립공문서센터입니다. 그리고 1945년 이후의 북베트남 관련 자료와 1976년 이후의 북부지역 공문서를 보관하고 있는 곳이 하노이에 있는 제3국립공문서센터입니다.

2006년 말 시점에 이미 위의 3개의 기관에서 근무하는 직원 총수는 약 270명에 달하며 일본의 국립공문서관 직원 42명의 6배 이상이었습니다. 일본의 공문서관 관계자가 방문했을 때 양국의 직원 수 비교를 듣고 베트남 측이 '매우 놀랐다'라고 합니다. 확실히 그랬을 것 같습니다.

단, 베트남 공문서관의 경우 완전히 일반인에게 공개하지는 않습니다. 베트남사에 정통한 연구자라도 사전에 이용허가를 신청하여 얼마나 걸릴지 모르는 심사를 받아야 합니다. 특히 현 정권에서 생산한 공문서와 공산당 관련 문서를 보관하는 제3국립공문서센터는 제약이 심한 것 같습니다.

독립 직후에 공문서관을 건립한 동남아시아

1963년에 건립한 베트남 제1국립공문서센터는 일본의 국립공문서관보다 8년이나 빠르게 건립되었습니다. 그러나 사실 다른 동남아시아 국가의 공문서관 건립은 그보다 훨씬 이전입니다. 1945년에 독립을 선언한 인도네시아는 1950년에 인도네시아 국립공문서관을 건립하였고 네덜란드 식민지 시대의 문서를 승계하면서 자국의 공문서 정리보관 업무도 시작하였습니다. 1957년에 독립한 말레이시아는 같은 해에 국립공문서관을 건립하고 15세기 말라카 왕조 이후의 문서를 보관하는 체제를 정비하였습니다. 동남아시아 국가 중에서는 유일하게 독립을 유지한 곳으로 알려진 태국의 경우 1952년에 국립공문서관을 건립하여 정부문서, 국왕문서 등을 보관하고 있습니다. 또한 1965년에 독립한 싱가포르는 독립 3년 후인 1968년에 국립공문서관을 건립하고 1905년 이후의 해협식민지 시대부터의 문서를 보관하고 있습니다.

이처럼 동남아시아 국가는 주권국가로서의 긍지를 내걸고 식민지 시대의 통치기록을 보존함과 동시에 독립 이후의 공문서를 체계적으로 정리·보관하는 것에 힘을 기울여 왔습니다. 반면에 그러한 공문서들을 일반인에게 개방하는 수준은 국가에 따라서 혹은 해당 문서가 작성된 시대 및 문서 자체의 내용에 따라서 다릅니다. 현 정권의 정책평가에 직결되는 것은 그다지 자유롭게 이용할 수 없는 경우가 많은 듯합니다.

4. 뒤쳐진 일본

일본의 뒤쳐진 역사적 배경

서양, 중국, 아시아 국가의 공문서관과 비교하면 일본의 공문서관 행정과 시설정비의 뒤쳐짐은 한 눈에 알 수 있습니다(〈표 3〉 참조). 공문서관이 설립된 시기도 늦고 규모도 현저히 작습니다. 그 이유를 자세히 검토해 보면 그러한 뒤쳐짐이 발생한 역사적 배경까지 생각이 미칠 수밖에 없습니다.

〈표 3〉 외국의 국립공문서관 비교

	일본	미국(NARA)	영국(TNA)
설립 연도	1971년	1934년	1838년
소관 기관	내각부 소관 독립행정법인	독립기관	법무성 소관 정부기관 겸 이그젝티브 에이전시
법령	국립공문서관법 (1999) 공문서관리법 (2009)	연방기록법 등	공기록법 (1958)
직원 수	47명(정직원)	2,720명	600명
시설 총면적	본관(치요다구) 11,550㎡ 분관(쓰쿠바) 11,250㎡ 아시아역사자료센터 (분쿄구) 368㎡	본관(워싱턴DC) 130,000㎡ 신관(메릴랜드주) 167,200㎡ 14개 지역 분관 17개 레코드센터 13개 대통령도서관	본관(런던 교외) 65,000㎡ ※ 스코틀랜드, 북아일랜드는 별도 조직
주요 수집 자료	· 정부기관 공문서 (외무성, 궁내청 등의 문서 제외) · 사법문서 · 법인문서 · 기증기탁문서	· 연방정부기관 공문서 · 연방의회 기록 · 법원 기록 · 대통령 기록 · 항공사진 · 지도/건축도면 · 음성/영상기록 · 영화필름	· 연방, 잉글랜드, 웨일즈 각 정부기관 공문서 · 왕실기록 · 일부 법원 기록 · 사문서
소장량	59km	1,400km	200km

〈표 3〉 외국의 국립공문서관 비교(계속)

프랑스	독일	한국
1790년	1919년	1969년
문화통신성의 전국관할부서	연방수상부 문화 · 미디어대신	안전행정부
문화유산법 (2004)	연방공문서 보존이용법 (1988)	공공기록물 관리법 (2006)
570명	790명	340명
국립공문서관 (파리, 퐁텐블로, 피에르피트 쉬르센) 187,000㎡ 국립해외문서관 (엑상프로방스) 11,140㎡ 국립노동문서관 (루베) 12,800㎡	코브렌츠 본관 118,000㎡ 베를린 본관, 군사공문서관 (프라이부르크) 영화자료관(베를린) 외에 모두 9개 시설	본관 (대전 정부합동청사 내) 13,000㎡ 지소(부산) 21,670㎡ 신관(성남) 62,240㎡ 열람사무소(서울)
· 정부기관 공문서 (외무부, 국방부 문서 제외) · 법원 기록 · 공증인 기록 · 사문서/기업문서 · 식민지 자료	· 정부기관 공문서 · 입법기관 기록 · 법원 기록 · 국가적으로 중요한 개인, 정당, 단체 등의 기록 · 영화필름	· 정부기관 공문서 · 대통령기록 · 토지대장 · 국가행사 영상 · 기념우표, 그림엽서 · 지도/건축도면
380km	300km	177km

출처: 국립공문서관의 기능 · 시설의 바람직한 모습에 관한 조사검토회의, 제1회 자료3-4, 2014년 5월 15일(http://www8.cao.go.jp/chosei/koubun/kentou/20140516/siryou3-4.pdf)

서양 국가의 경우 프랑스와 영국의 사례처럼 시민혁명에 의해 근
대국가가 탄생하고 선거권 확대를 통해 민중이 정치에 참여하는 시
대가 시작된 것이 공문서관 설립의 역사적 계기가 되었습니다. 새로
성립된 근대국가는 법령과 정책문서를 체계적으로 보관하고 그것을
민중이 참조할 수 있도록 공개하는 장을 마련해야 했기 때문이었습
니다. 정보의 공개와 공문서관의 설립정비가 소위 세트가 되어 진행
되었습니다. 도서관, 박물관, 문서관의 정비는 근대국가에 필수 조
건이 되었습니다.

　　중국도 서양 국가와 똑같은 상황이었습니다. 그러나 어떤 측면에
서는 그 이상으로 무게를 가진 역사적 요인 중 하나가 통치기록 보
존에 책임을 진다는 전통적인 전제왕조의 통치원리였습니다. 그 때
문에 방대한 양의 공문서가 남아있는 반면 그 정보를 연구자도 포함
된 일반시민에게 공개한다는 자세는 특히 현대 기록에 가까울수록
미약해지는 경향을 보여줍니다. 그러한 와중에 대만과 홍콩의 공문
서관이 보여주는 자료공개 태도는 주목할 가치가 있습니다.

　　한편 아시아 국가의 공문서관은 독립 직후부터 식민지 시대의 기
록을 보존함과 동시에 독립 이후의 공문서를 체계적으로 정리·보
존하는 것을 중시해왔습니다. 그것은 자국의 국가건설 기초를 명확
히 하는 의미가 담겨있다고 말할 수 있습니다. 따라서 많든 적든 독
립을 통해 수립된 현재 국가체제의 의향이 강하게 반영되어 국민의
알권리를 보장하는 정보공개의 사상이 충분히 발휘되지 못하는 경
우도 있습니다.

　　이렇게 볼 때 서양 국가에서 격발된 시민혁명도 아시아 국가에서

전개된 독립운동도 경험하지 못하고 중국처럼 전제왕조의 전통도 없었던 근현대 일본에서 공문서관을 설립하고 정비하는 사업이 매우 늦어진 것은 어떤 의미에서는 당연한 것일지도 모르겠습니다.

근대 일본에서도 예를 들면 이와쿠라(岩倉) 유럽사절단이 이탈리아 등에서 공문서관을 견학한 것은 기록에 남아있습니다.[1] 그러나 이러한 제도를 알고 있었음에도 받아들이지 않았습니다. 하지만 일본이 오늘날 세계 속에서 신뢰받는 국가로 나아가기 위해서는 정보공개와 공문서관리에 힘을 쏟는 것이 꼭 필요한 과제가 되었습니다.

사실 그렇게 볼 때 일본에도 세계에 자랑하기에 충분한 존재가 있습니다. 그것은 다음에 소개하는 아시아역사자료센터입니다.

아시아역사자료센터

1994년 8월 31일, 당시 무라야마 도미이치(村山富市) 수상이 발표한 담화에서 '침략행위와 식민지 지배'에 대한 '깊은 반성'을 표명하고 평화우호교류계획을 제시했을 때 아시아역사자료센터의 설립계획도 언급하였습니다. 같은 해 11월 말에 발족한 전문가회의가 1995년 6월에 '아시아역사자료센터의 설립에 관하여'라는 제언을 발표한 후 여러 우여곡절을 겪으면서도 2001년 11월 30일에 간신히 설립한 것이 아시아역사자료센터입니다.

국가기관이 보관한 '근현대 일본과 아시아 주변국가와의 관계에 관한 중요한 역사자료인 일본의 공문서 및 기타 기록(아시아역사자료)'을 데이터베이스화하여 인터넷을 통해 제공하는 전자자료센터가 바로 아시아역사자료센터이며 이는 국립공문서관 관할 하에 있습니다. 열람가능한 사료는 국립공문서관, 외교성 외교사료관, 방위성 방위연구소 도서관이 보관한 아시아역사자료 중에서 디지털화된 것이며 전세계 어디서나 무료로 자유롭게 접근가능한 점이 매우 큰 특징입니다.

그러나 새로운 사료를 수집·정리하는 체제를 깃추지 않고 기존 공개사료의 이용촉진에만 머무를 수밖에 없는 것은 아시아역사자료센터의 한계입니다. 그럼에도 불구하고 아시아역사자료센터가 정보의 공개에 주력하는 점은 중국을 포함한 세계 각국의 연구자들에게 높은 평가를 받고 있습니다.

5장: 특정비밀보호법과 공문서관리

세바타 하지메

5장: 특정비밀보호법과 공문서관리

- 세바타 하지메

1. 특정비밀의 컨트롤

특정비밀보호법

2011년 드디어 공문서관리법이 시행되었고 일본의 공문서관리 제
도의 정비가 크게 진전되었습니다. 하지만 공문서관리법이 제대로
정착되기도 전에 특정비밀보호법이 2013년에 제정되었습니다.

특정비밀보호법은 '자국의 안전보장에 관한 정보' 중 특히 감춰야
할 정보를 보호하기 위한 법률입니다. 관련 정보를 '비공개'로 할뿐
만 아니라 누설 시에는 최고 징역 10년이라는 매우 무거운 형사처벌
을 내릴 수 있습니다.

특정비밀로 지정할 수 있는 것은 ①방위, ②외교, ③특정유해활동
(스파이 행위 등) 방지, ④테러방지 4가지 항목입니다.

단, 이것들은 지금까지도 정보공개법에 따라서 공개청구를 해도

비공개되었기 때문에 특정비밀보호법이 제정되어서 볼 수 없어진 건 아닙니다. 그런 의미에서 이러한 정보에 대한 '알권리'는 애초부터 대폭 제한되어 있었습니다.

따라서 '누설방지'가 이 법률의 가장 큰 노림수라고 할 수 있겠죠.

'그렇다면 전혀 문제없는 것 아닌가?'라고 생각할 수도 있을 겁니다. '일본은 스파이 천국이기 때문에 이러한 법률은 필요하다!'는 주장도 종종 들립니다. 그런데 자민당이 스파이방지법안을 계획하기 시작한 1980년에도 그러한 주장이 있었습니다. 그러나 그로부터 30여 년간 일본의 안전보장에 어떠한 문제가 있었는지 정부의 설명을 아무리 들어보아도 잘 모르겠습니다.

그런데 '비밀보호는 필요하다'는 생각에 찬성한다는 것과 '정부가 자유롭게 비밀지정을 한다'는 것을 용인한다는 것은 의미가 전혀 다릅니다.

비밀과 정보공개의 균형

특정비밀보호법을 반대하는 사람들 중에는 '비밀은 애초에 불필요'하다고 주장하는 분도 있습니다. 하지만 국가 차원에서 비밀지정 제도는 필요악입니다. 저는 역사연구자로서 일본과 타국의 역사적 공문서를 볼 기회가 있었는데 '비밀' 표시 도장을 찍은 문서를 자주 봤습니다. 아마 비밀지정 제도는 어느 국가에서나 존재할 겁니다.

본래 비밀지정 제도라는 것은 '접근제한'을 의미합니다. 정보에는 경중이 있어서 최소한의 범위의 사람만 봐야 하는 것이 존재합니다.

예를 들면 방위성에서 최신무기에 관한 정보를 기관 내의 누구라도 접근가능하다면 그건 당연히 이상한 것이겠죠.

그런데 정보공개와 설명책임이 당연한 시대가 도래하면 접근제한을 국민에게도 적용할 것인가라는 문제가 발생합니다.

기본적으로 정치가와 관료는 중요한 정보를 자신들만 독점하고 싶어힙니다. 정보공개를 요구하는 운동이 활발해진 경위는 바로 그 때문입니다.

비밀과 정보공개의 균형은 어느 국가라도 항상 줄다리기 상태이며 정권교체에 의해 방침이 변경되는 경우도 있습니다.

미국에서는 대통령이 교체될 때마다 비밀보호와 정보공개의 균형이 요동칩니다. 예를 들면 부시(주니어) 정권 때는 비밀보호에 힘을 쏟았으나 오바마 정권에서는 정보공개에 중점을 두고 있습니다.

츠와니 원칙

특정비밀보호법안을 둘러싼 논의 중에서 화제가 된 「츠와니(Tshwane) 원칙」(국가안전보장과 정보공개의 권리에 관한 국제원칙)은 실로 이 균형을 어떻게 할 것인가에 대하여 세계의 지혜를 모아 깊이 생각한 결과로 만들어진 문서입니다.[1] 오픈 소사이어티 저스티스 이니셔티브의 요청에 응하여 국제연합, 미주기구[33] 등의 특별보고자를 포함한 세계 70여 개국의 500명 이상의 전문가들이 협

---

33) 캐나다를 제외한 아메리카의 거의 모든 독립국가들이 포함된 기구.

의를 진행하여 2013년 6월 12일에 발표하였습니다.

아베 수상 등은 츠와니 원칙을 '민간기관'이 발표한 것이라며 이를 경시하는 발언을 반복하였습니다. 그러나 최신 연구성과라는 것은 당연히 과거 제도의 결함을 딛고 만들어집니다. 츠와니 원칙은 국가비밀의 존재는 부정하지 않으나 비밀지정에 엄격한 기준을 부여하여 국민의 접근권을 최대로 인정하려고 하는 내용입니다. 그것을 참고하지 않겠다는 태도는 특정비밀보호법에 '최신 연구성과를 반영하고 싶지 않다'는 이유가 있는 거겠죠.

현재 세계 최신 경향을 보면 비밀보호와 정보공개의 균형을 맞추기 위해서는

① 비밀은 어디까지나 '예외'로서 최소한으로 범위를 좁히고 그것 이외의 정보는 적극적으로 공개한다.
② 비밀로 지정된 문서는 지정이 불필요하게 되었을 때에는 비밀을 해제하고 검증에 기여하기 위해 공개한다.

라는 것을 요구받습니다. 이것을 참고하여 비밀지정 및 해제방법, 독립적인 감시기관을 어떻게 구성할 것인가 등을 논의할 필요가 있습니다.

그럼 일본의 특정비밀보호법에서 이 균형은 어떻게 되어 있을지 살펴보겠습니다.

감시기관 없는 특정비밀의 지정

우선 ①에 대해서입니다. 특정비밀은 '행정기관의 장'이 지정할 수 있습니다. 이른바 각 부처의 장관과 청장(처장)의 권한으로 결정할 수 있습니다. 사실 장관이 일일이 지정하지는 않으므로 실질적으로는 실무를 담당하는 관료들이 지정하겠죠.

특정비밀 제도에 따라서 1차적으로 행정기관이 지정여부를 판단하는 것은 당연합니다. 하지만 비밀은 기본적으로는 끊임없이 확대되는 경향이 있습니다. 관료는 자신이 취득한 정보가 중요하다는 것을 보여주기 위해 비밀등급을 높게 설정하려는 경향이 있다고 전 외무관료 사토 마사루(佐藤優)는 지적하였습니다.[2]

또한 비밀을 과도하게 지정하여 처분받은 경우는 없으나 중요문서의 비밀지정을 잊어버린 경우는 처분대상이 됩니다. 그렇다면 필연적으로 비밀은 과도하게 설정됩니다.

따라서 비밀을 최소한으로 제어하기 위한 감시기관의 존재가 중요합니다. 그러나 특정비밀보호법에는 감시기관에 대해 제대로 규정한 조문이 없습니다.

특정비밀의 지정과 해제, 특정비밀 취급 담당자에 대한 적성평가 실시의 통일된 기준을 만들기 위해 전문가회의(정보보전자문회의)의 의견을 들어야 한다고 제18조에 명시하고 있으나 어디까지나 기준을 정할 때에 의견을 구하는 내용입니다. 또한 매년 지정과 해제, 적성평가 실시현황을 전문가회의에 보고하여 의견을 들어야 하나 그 내용에 문제가 있어도 이를 조사할 권한은 법률에는 명시되어 있지 않아서 단지 보고를 듣는 것뿐입니다.

또한 법안 성립 직전에 아베 수상이 '감시기관'으로서 제안하여 내각관방에 설치한 정보보전감시위원회와 정보보전감사실 등도 비밀지정이 제대로 되었는지 점검하기 위한 감시기능이 중심인 기관으로 보입니다. 오히려 비밀지정 누락이 없는지를 감시하는 내부통제기관이라고 말할 수 있겠죠.

다니가키 사다카즈(谷垣禎一) 의원의 스파이방지법안 비평

일본보다 비밀지정 제도의 설계가 앞선 미국에서는 과도한 비밀이 매우 큰 문제가 되었습니다. 비밀이 끊임없이 증가하여 정말로 중요한 정보가 어떤 건지 알 수 없게 되고 비밀을 볼 수 있는 권한을 가진 사람을 늘릴 수밖에 없게 되어 누설이 발생하였습니다.

2013년 미국의 비밀문서를 대량으로 폭로한 에드워드 스노든은 국가안전보장국(NSA)이 계약한 민간회사의 사원입니다. 그러한 인물이 최고기밀문서를 취급해야 업무가 돌아갔던 것입니다. 때문에 미국에서는 독립성이 높은 감시기관을 이용하여 비밀을 축소하는 것이 중요시되었습니다.

이와 관련하여 미국은 앞으로 제도를 만들 예정입니다. 일본도 그것을 참고하면 좋겠지만 미국처럼 과도한 비밀에 대한 대책을 고민하지는 않는 것 같습니다. 아베 수상은 미국의 감시제도를 참고하였다고 얘기했으나 어떤 것을 참고하였는지 모르겠습니다. 오히려 일본은 앞으로 끊임없이 비밀을 증가시키려는 것처럼 보입니다.

따라서 적어도 ① '비밀은 어디까지나 "예외"로서 최소한으로 범위를 좁히고 그것 이외의 정보는 적극적으로 공개한다'는 원칙을 특정비밀보호법이 보장하고 있다고는 말할 수 없겠죠.

특정비밀보호법안을 심의하였을 때의 법무장관이었던 다니가키 사다카즈는 과거 자민당이 특정비밀보호법과 똑같은 내용의 스파이방지법안을 제출했을 때 다음과 같은 비판을 『중앙공론(中央公論)』 1987년 4월호에서 하였습니다. 시사하는 바가 큰 문장이어서 약간 길지만 인용해보겠습니다.

우리나라는 자유와 민주주의 아래에서 오늘날의 번영을 구축해왔다. 앞으로도 자유와 민주주의를 국정운영의 기둥으로 삼아야 한다는 것은 일본 국민의 흔들림 없는 신념일 것이다. 이러한 국가체제를 전제로 하는 한 국정에 관한 정보는 주권자인 국민에게 기본적으로 공개해야 한다. 국민이 국정에 관한 정보에 자유롭게 접근하는 것이 원칙이다. 그리고 이 국정에 관한 정보에 방위정보가 포함되는 것도 논할 필요가 없다.[중략]

그러나 예외 없는 원칙은 없다. 정보 중에서는 공개하는 것이 오히려 국민의 권리를 침해하는 결과가 되는 것이 있다. 국가의 평화와 안전에 관한 방위비밀이 바로 그러하다. 그러나 이것은 어디까지나 원칙에 대한 예외이기 때문에 모든 것을 비밀이라고 한다면 자유의 원칙이 붕괴되어 버린다. 예외의 인정은 한정적이어야 한다. 하물며 형벌을 통해 비밀을 지키려는 경우는 꼼꼼하게 범위를 좁히지 않으면 인간의 활동을 헛되이 위축시킬지도 모른다.[3] (밑줄은 필자가 부여)

다니가키는 국제정세에 대한 정확한 정보를 국민에게 전달하고 사실에 입각한 논의를 거듭함으로써 국민이 방위에 대해 깊이 이해할 수 있다는 주장도 하였습니다. 지금도 충분히 수긍할만한 내용이 아닐까요?

다니가키는 특정비밀보호법안의 심의 과정에서 본인이 작성한 글의 내용에 대하여 질문을 받았습니다. 그러나 현재는 정보공개법과 공문서관리법이 있으며 특정비밀보호법안도 범죄가 되는 구성요건으로 한정하고 있기 때문에 그때와는 다르다면서 이 법안을 찬성하였습니다. 진정 속마음은 어땠을까요?

비밀지정의 기간

다음으로 ② '비밀로 지정된 문서는 지정이 불필요하게 되었을 때에는 비밀을 해제하고 검증에 기여하기 위해 공개한다'는 원칙에 대하여 살펴보겠습니다. 특정비밀은 5년 이내로 보호기간을 설정하며 30년까지 연장가능합니다. 30년을 넘길 수 있는 경우는 '내각의 승인을 얻은 경우'(각의(閣議) 결정)에 최대 60년까지 연장할 수 있습니다. 또한 암호 등의 일부 정보는 그 이상 연장도 가능합니다.

최대 60년, 암호 등은 그 이상 연장할 수 있다는 부분은 자민당과 일본유신회의 수정협의를 통해 합의된 부분입니다. 일본유신회는 이 조항으로 비밀을 영구히 설정하는 것에 제동을 걸었다고 생각했을 겁니다. 그러나 저는 이 보도를 접하고 공문서관리 제도를 이해하지 못했기 때문에 '개선하였다'라고 착각한 게 아닐까 생각하였습니다.

사실 각 행정기관의 장이 '특정비밀'을 지정하고 한편으로 감시기관이 행정기관을 제어할 정도로 강력하지 않으면 필연적으로 '기간을 연장할 수 있을 만큼 연장한다'는 심리가 작동합니다. 이미 앞에서 설명한 것처럼 비밀을 지정하는 것은 처벌 대상이 되지 않지만 해제하지 말아야 할 것을 해제하면 처벌 대상이 되기 때문입니다.

또한 '내각의 승인'을 얻어야 한나고 명시하였으나 각의(閣議)에서 장관들이 하나하나 문서를 조사하여 체크하는 것은 시간적으로도 능력적으로도 불가능합니다. 따라서 목록을 제출하면 무조건적으로 승인할 것은 안 봐도 뻔합니다.

오히려 '60년까지는 OK'이라는 듯이 비밀을 연장하는 동기로 작용할 가능성이 높습니다. 게다가 60년 이상으로 설정할 수 있는 정보도 상당히 범위가 넓어서 영구히 비밀지정을 이어갈 가능성도 있습니다. 비밀지정 연장에 제동을 걸려면 '원칙적으로 최장 30년 + 필요한 것만 추가 30년까지'로 규정하는 편이 낫겠죠.

그러면 어째서 이런 '착각'이 일어났을까요? 그것은 '특정비밀 해제' = '공개'라고 오해한 것 같습니다.

제3장에서 설명한 것처럼 국립공문서관 등으로 문서를 이관했어도 그곳에서 추가로 공개심의가 이뤄지며 즉시공개라는 것은 없습니다. 전문가들이 공개여부를 판단하고 있습니다. 따라서 본래라면 특정비밀은 30년이 지나면 원칙적으로 지정을 해제하고 국립공문서관 등으로 이관하는 것이 당연한 모습일 것입니다. 또는 국립공문서관 등의 직원에게 비밀해제 권한을 부여하여 특정비밀인 채로 이관된 문서의 해제를 국립공문서관 등에서 검토하는 체계가 되어도 좋

을 듯합니다.

그러한 체계가 필요한 이유는 각 행정기관이 공개·비공개를 판단하지 않고 제3자 기관이 객관적으로 판단하도록 하기 위해서입니다. 또한 행정기관에서는 오래된 문서를 창고에 산더미처럼 쌓아두고 어떤 문서가 중요한지 모르는 경우가 많아서 분실과 잘못된 폐기 등이 발생하기 쉽습니다. 국립공문서관 등에서는 문서에 곰팡이가 생기지 않도록 온습도 관리 등을 확실히 하고 있습니다. 행정기관에서는 그 정도로 보존방법을 신중하게 고려하지는 않기 때문에 문서가 열화되어 읽지 못할 우려도 있습니다. 예를 들면 1980년대~90년대에 워드프로세서 등에서 자주 사용한 감열지는 잘못 취급하면 색이 날아가버려서 문장을 읽을 수 없게 됩니다.

따라서 전문적 지식을 가진 국립공문서관 등에서 확실히 보관하고 전문가의 판단으로 공개·비공개를 결정하는 제도의 설계가 당연히 필요합니다. 그러나 그런 발상은 특정비밀보호법에는 결여되어 있습니다.

국립공문서관은 독립행정법인이며 직원도 적은 소위 '힘없는' 기관이라서 행정기관은 국립공문서관을 신용하지 않는 듯합니다. 때문에 '자신들이 특정비밀을 움켜쥐다'는 선택을 하고 싶은데 오히려 일본유신회가 그렇게 하도록 도와줘버렸습니다. 국립공문서관의 강화야말로 최우선적으로 필요한 게 아니었을까요? 관료가 원하는 대로 이뤄졌다고 말할 수 있습니다.

따라서 외부의 눈에 띄지 않는 곳에 비밀을 묻어버리지는 않을까 잘못된 폐기와 분실 등이 일어나지 않을까 매우 걱정되며 ②의 원칙도 지키고 있다고 장담하기 어렵습니다.

2. 특정비밀보호법과 공문서관리법

애매해져버린 공문서관리법과의 관계

특정비밀보호법안 심의가 이뤄진 당초에는 '특정비밀이 해제된 후에 공문서관법이 적용된다'는 뉘앙스로 정부는 설명하였습니다. 그러나 공문서관리법과의 관계를 각 정당이 정부에게 자세히 추궁한 결과 11월 중순경부터는 '특정비밀에 공문서관리법은 적용된다'는 답변으로 바뀌었습니다. 자의적 운용의 우려를 조금이라도 줄이기 위해서는 공문서관리법이 적용된다고 말할 수밖에 없는 지경으로 몰아넣은 것이겠죠.

따라서 이 시점부터는 어떻게 해야 공문서관리법과의 정합성을 가질 것인가라는 점을 문제로 삼았어야 했습니다. 그러나 법안 심의에서 보존기간 만료 후의 이관·폐기 문제에 논점이 집중되어 다른 조문과의 관계는 그다지 검토 못했습니다.

공문서관리법이 적용되는 이상 문서의 작성의무와 행정문서파일 관리부에 등재, 레코드스케줄의 설정, 내각총리대신에게 매년 보고 의무 등은 특정비밀보호법에서 어떻게 적용할지 검토해야 합니다.

예를 들면 특정비밀은 특정비밀보호법에서 매년 내각총리대신의 전문가회의에 운용현황 보고의무 및 의견청취를 규정하여 문제가 있으면 내각총리대신은 각 행정기관에 자료제출 등을 요구할 수 있습니다(제18조 제3, 4항). 하지만 동일한 의무와 권한을 공문서관리법에도 규정하고 있으며 심지어 내각부와 국립공문서관 등의 직원에 의한 현장조사도 가능합니다(제9조). 정부는 특정비밀에 대해서는 공문서관리법보다 특정비밀보호법의 규정을 우선할 예정이지만 어떻게 법적으로 구분할 수 있을지 모르겠습니다.

또한 특정비밀도 '행정문서'이므로 행정문서파일관리부에 기록물철명을 등재합니다. 다만 특정비밀을 취급하기 위한 적성평가를 통과한 사람 외에는 기록물철명을 볼 수 없도록 접근제한을 걸겠죠.

한편 특정비밀을 관리하기 위해서 '특정비밀지정관리부'라는 특정비밀 전용 관리대장이 작성될 예정입니다(특정비밀보호법 시행령안). 그리고 특정비밀에 관련된 정보(특정비밀로 지정된 연월일과 유효기간 등)는 특정비밀지정관리부에 기재합니다. 즉 '이중대장'을 만들어 특정비밀의 관리를 이쪽에서 할 예정입니다.

이러한 방법이 채택되면 비밀이 해제되어 행정문서파일관리부에서 기록물철명을 볼 수 있어도 그것이 예전에 특정비밀이었는지에 대한 정보가 기재되지 않아서 어느 것이 해제된 문서인지 찾을 수 없습니다. '특정비밀'로 지정한 것을 검증하려고 해도 어느 것이 특정비밀이었는지 국민은 알 수가 없으므로 검증의 길은 막혀있습니다.

이것은 국민에게 설명책임을 보장하는 공문서관리법의 취지에 명백히 반하는 행위입니다. 적어도 행정문서파일관리부에 특정비밀이었던 기간을 기재하는 등 그 문서가 이전에 특정비밀이었다는 정보를 명시할 필요가 있으나 지금도 그러한 검토는 이뤄지지 않습니다.

일본은 2011년에야 겨우 공문서관리법이 시행되었고 공문서관리의 부실이 장기간 이어져왔습니다. 우선은 공문서관리를 확실하고 철저히 하는 것이 필요합니다. 그러나 특정비밀보호법은 그 점은 외면한 채 어쨌든 공문서관리 제도 위에서 '누설방지'라는 그물을 치려는 듯이 보입니다. 이런 상황에서 '특정비밀의 보호'를 착실히 할 수 있을지 매우 의문이 들 수밖에 없습니다.

국립공문서관 등으로 이관됨을 보증

공문서관리법과의 관계에서 가장 주목받았던 것은 '특정비밀을 해제한 후에 전부 국립공문서관 등으로 이관하는가'라는 점입니다. 특정비밀에 공문서관리법이 적용되는 이상 국립공문서관 등에서 영구히 보존할지 폐기할지는 공문서관리법 절차에 따라 이뤄질 필요가 있습니다. 즉, 폐기하기 위해서는 내각총리대신의 동의가 필요합니다.

이와 관련하여 폐기의 승인도 '내각총리대신이 동의하면 버릴 수 있는 이상 자의적으로 운용된다'고 비판하는 사람도 있습니다. 하지만 이 폐기 심사에는 국립공문서관의 전문가도 관여하므로 그런 비판은 너무 현실을 무시하는 거겠죠.

사실 각각의 특정비밀의 폐기여부를 내각총리대신이 일일이 개입한다는 것은 상상하기 어렵고 그 정도로 시간이 남아돌지도 않겠죠. 오히려 내각총리대신의 개입보다는 각 행정기관이 다른 문서에 끼워넣어서 특정비밀을 폐기하려는 것을 경계해야 합니다. 앞에서 설명한 것처럼 폐기 심사에 관여하는 직원 수가 너무 적은 문제도 있으므로 특정비밀을 제대로 남기려면 심사 체제의 충실화를 강하게 요구할 필요가 있습니다.

또한 아베 수상은 국회 답변에서 30년이라는 장기간에 걸쳐 비밀이 지속된 문서는 중요한 역사공문서 등에 해당하므로 국립공문서관 등으로 이관되도록 운용기준에 명기하겠다고 발언하였습니다. 30년 미만의 특정비밀도 모리 마사코(森まさこ) 특임장관은 '특정비밀의 역사자료로서의 가치에 따라서' 국립공문서관 등으로 이관하는 규칙 제정을 검토하고 싶다고 국회에서 답변하였습니다.

따라서 관건은 그 '운용기준'입니다. 예를 들면 특정비밀을 미리 해제하여 다른 문서 목록에 끼워 넣어 폐기하려고 하는 경우가 발생할 수 있습니다. 2009년부터 정부가 외교 및 안전보장 관련 중요정보에 적용하는 '특별관리비밀'은 폐기할 때에 일반 문서와 동일하게 점검을 받습니다. 그러나 폐기목록에 그 문서가 특별관리비밀이라는 것을 기재하지 않기 때문에 중점적인 심사를 할 수 없습니다. 이를 감안하면 설령 특정비밀에서 해제된 문서라도 폐기목록에 특정비밀이었던 사실을 기재할 필요가 있습니다.

또한 행정기관에서 이러한 규칙을 철저히 지키고 있는지 파악하기 위하여 폐기목록을 점검하는 담당자가 행정기관 행정문서파일관리부의 모든 데이터에 상시 접근하여 폐기목록과 대조할 수 있는 체계를 갖춰야 합니다. 그 때문이라도 심사를 담당하는 국립공문서관의 기능강화가 반드시 필요합니다.

그런데 지금 공개된 내각관방의 운용기준안(특정비밀의 지정 및 그 해제, 적성평가 실시에 관한 통일적인 운영을 도모하기 위한 기준(가칭)(안)에는 그러한 고려는 전혀 보이지 않아서 유감입니다.

방위비밀의 전망

특정비밀보호법의 제정으로 지금까지 모두 폐기되었던 '방위비밀'이 국립공문서관으로 이관될 가능성이 높아진 것은 높이 평가할 수 있습니다.

'특정비밀' 제도가 만들어지기 이전부터 비밀누설에 대한 엄격한 처벌은 '특별방위비밀'과 '방위비밀' 2가지 제도에서 이미 시행하고 있었습니다.

'특별방위비밀'은 미군이 공여해준 병기에 관한 정보에 적용됩니다. '문서'뿐만 아니라 '그림 혹은 물건'에도 적용되기 때문에 사실상 정보 그 자체의 누설에 대한 벌칙이 됩니다. 이것은 1945년(쇼와 29) 자위대가 발족할 때 미군과 맺은 '미일상호방위원조협정'(MSA협정)에 근거한 것입니다. 벌칙은 특정비밀보호법과 똑같은 수준인 10년 이하의 징역 등을 규정하고 있습니다. 이미 60년 전부터 이러한 비밀보호법제를 규정한 것은 좀 더 주목할 필요가 있습니다.

'방위비밀'은 2001년에 발생한 9·11사건을 계기로 제정된 테러대책특별조치법의 일환으로서 만들어졌습니다. 자위대법을 개정하여 자위대 운용 및 그에 관한 계획 등을 '방위비밀'로 지정할 수 있게 되었고 누설에 대한 벌칙으로서 5년 이하의 징역 등을 규정하였습니다. 이번의 특정비밀보호법 〈별표 1〉에 해당하는 부분은 자위대법 〈별표 4〉를 거의 그대로 복사한 것입니다.

그리고 특정비밀보호법안의 심의 과정에서 '방위비밀'이 보존기간이 만료되자마자 모두 폐기한 사실이 발각되었습니다. 2007년부터 2012년까지 약 42,100건의 방위비밀이 폐기되었습니다(국립공문서관 등으로 이관은 전혀 없음). 특히 문제가 된 것은 2011년 이후부터입니다. 공문서관리법이 제정되었음에도 불구하고 내각총리대신의 동의를 얻지 않고 폐기한 것입니다.

방위비밀 폐기는 편법으로 이뤄졌습니다. 방위성은 공문서관리법 제3조에서 '다른 법률 또는 이에 근거한 명령에 특별한 규정이 있는 경우'에는 공문서관리법의 적용을 받지 않을 수 있다는 점에 주목하였습니다. 본래 이 조문은 형사소송기록과 같이 다른 법률에서 관리 방법을 규정하고 있는 경우에 적용하기 위한 것입니다. 그런데 방위성은 자위대법을 근거로 '방위비밀'이 공문서관리법의 적용을 받지 않도록 하였습니다. 그리고 자신들의 입장에서 마음대로 폐기를 진행하였습니다.

특정비밀에는 방위비밀이 포함됩니다(특별방위비밀은 포함되지 않음). 따라서 방위비밀도 공문서관리법이 적용됩니다. 그러므로 폐기를 하려면 내각총리대신의 동의가 필요합니다. 앞에서 설명한 것처럼 장기간 특정비밀로 지정되었던 문서는 국립공문서관 등으로 이관되므로 최소한 지금의 '방위비밀 전부 폐기'보다는 제대로 문서가 남을 거라고 생각합니다.

아베 수상은 민주당 정권 하에서 방위비밀 대부분을 폐기하였다고 마치 엄청난 사실을 발견한 것처럼 의기양양하게 답변하였습니다. 그러나 단순히 2002년에 방위비밀 제도가 시행된 후 보존기간 5년 문서의 폐기를 2007년부터 시작한 것뿐입니다. 방위비밀에 해당하는 자위대 운영 등에 관한 문서가 그 이전에 국립공문서관으로 이관되었다는 말은 들어본 적 없습니다. 요컨대 자민당 장기정권 시절부터 조용히 버렸던 관행이 계속 이어져온 것뿐이라서 자민당의 책임이 당연히 더 큽니다. 민주당에게 문제가 있다고 한다면 그 관행을 알아차리지 못했던 것일 뿐입니다.

특정비밀을 버린다?

또 한 가지 주목해야 하는 것은 정부가 '특정비밀'을 해제하지 않은 채 폐기하는 조문을 특정비밀보호법 시행령에 넣을 가능성이 있다는 것입니다. 민주당 나가쓰마 아키라(長妻昭) 중의원 의원의 질의서에 대하여 아베 수상은 '비밀의 보전상 정말로 부득이한 경우의 조치로서 보존기간 이전의 폐기를 규정하는 것은 부정하지 않겠다'고 답변하였습니다.4

특정비밀보호법 시행령(안)에는 '특정비밀문서 등의 탈취 및 기타 특정비밀 유출의 우려가 있는 긴급한 사태 시에 그 유출을 방지하기 위해 다른 적당한 수단이 없다고 인정되는 경우'는 폐기할 수 있다는 조문이 들어있습니다(제12조 제1항 제10호). 물론 제한적이라고는 해도 집단적 자위권이 용인된 이상 해외에서 이러한 긴급한 사태가 일어날 가능성은 높아지겠죠. 그러나 이 '긴급한 사태'가 어떠한 것인지는 내각관방이 작성한 운용기준안에는 전혀 기재되지 않았습니다. '긴급한 사태'라는 제한범위를 확실하게 하지 않으면 '스파이가 노릴 우려가 있다'라고 해서 마음대로 특정비밀을 폐기하는 행정기관이 나올 수도 있습니다. 이 부분은 확실하게 제한할 필요가 있습니다.

앞에서 설명한 것처럼 방위성은 지금까지 몰래 폐기했던 방위비밀에 해당하는 문서를 국립공문서관으로 반드시 이관해야 합니다. 또한 지금까지 국립공문서관으로 제대로 문서를 이관하지 않았던 공안 관련 문서도 마찬가지로 이관조치가 취해지겠죠. 예를 들면 공안조사청이 작성한 문서는 겨우 39건만 이관되었습니다. 아마도 법무성 문서에 섞여있던 것으로 여겨지기에 실질적으로는 제로입니다. 따라서 그들은 '지금처럼 어둠 속에 묻어버릴 수 있으면 묻어버리고 싶다'고 생각할 가능성이 높습니다. 때문에 특정비밀 지정기간 중에 폐기할 수 있는 조문을 각 행정기관에서 작성하는 운용규정에 몰래 집어넣을 가능성은 충분히 있습니다. 이 점을 유의할 필요가 있습니다.

특정비밀보호법에서 '검증'기능을 어떻게 담보할 것인가가 이 제도의 핵심 중 하나입니다. 이것이 엉성해지면 제멋대로 특정비밀을 악용할 가능성이 높아집니다. '나중에 검증될지도 모른다'라는 심리적 압박은 반드시 필요합니다. 그 때문이라도 감시기관에 의한 감시 및 도중에 폐기할 수 없는 체계를 확실히 정비해야 합니다.

이 책에서 설명한 것처럼 정보공개법, 공문서관리법에는 특정비밀보호법을 무해하게 만드는 힌트가 있으며 그러한 법률 간의 정합성을 자세히 조사하고 검증하는 것이 급선무라고 생각합니다.

마치며: 공문서와 함께 사라져가는 행정의 책임과 역사의 진실

구보 도루
·
세바타 하지메

마치며: 공문서와 함께 사라져가는 행정의 책임과 역사의 진실

- 구보 도루 · 세바타 하지메

특정비밀보호법은 2013년 12월에 법률로 성립되었습니다. 그러나 결함투성이 법안을 억지로 통과시켰기 때문인지 법을 실제로 시행하기 위한 구체적인 운용방법에 관한 논의를 진행할수록 특정비밀보호법의 문제점이 한층 더 선명하게 부각되었습니다.

허울뿐인 감시기관 하에서의 특정비밀보호법의 시행

국회에서는 2014년 6월 20일 정부가 시행하는 특정비밀의 지정과 해제가 적절한지 점검하기 위해 국회에 상설 '정보감시심사회'를 설치하는 내용으로 국회법을 개정하였습니다. 심사회는 중의원 · 참의원 각각 8명의 의원으로 구성합니다.

그런데 이 심사회에서는 예를 들어 특정비밀의 '지정'이 부적절하다고 해도 해제해야 한다고 '권고'만 할 수 있습니다. 정부는 이 권고를 따라야 할 의무는 없습니다. 또한 심사대상 특정비밀이 정부의 실책과 관련된 정보일지라도 특정비밀이 해제되지 않는 한 그 내용을 문제 삼을 수는 없습니다. 심사회 이외의 곳에서 내용을 말하면 '누설'혐의로 체포됩니다.

그리고 정부는 '특정비밀'을 심사회에 제출하는 것을 거부할 수 있습니다. 심사회 제출 여부의 판단은 어디까지나 행정기관 쪽에서 합니다. 심사회에 특정비밀 해제 강제권을 부여할지는 향후 논의될 거라고 생각합니다. 감시받아야 할 행정기관이 심사 거부 권한을 가진 이상 정보감시심사회는 제대로 운영될 수 없습니다. 이러면 행정의 폭주를 제어할 수 없어 결국 국민에게 많은 불이익이 돌아갈 것입니다. 이 점은 이 책에서 수차례 지적한 사실입니다.

2014년 7월 17일에는 특정비밀의 지정과 해제의 통일된 기준을 논의하는 '정보보전자문회의'(좌장: 와타나베 쓰네오(渡辺恒雄) 요미우리신문 그룹 본사 회장)가 수상 관저에서 열렸고 그 장소에서 법률 운용에 관한 정부의 운용기준안이 제시되었습니다. 정보보전자문회의는 2014년 1월에 제1회 회의를 개최한 후 7월 17일까지 회의가 없었습니다. 그 동안 내부적으로 관료와 위원이 의견교환을 진행하였으며 이 논의의 중간과정은 국민에게 설명하지 않았습니다.

게다가 7월 2일에 '준비회합'을 개최하여 실질적인 논의를 진행하고(17일의 제2회 회의는 장관의 인사 등 형식적인 것밖에 하지 않음) 회의록을 작성하지 않았습니다(『마이니치신문』 2014년 8월 19일자 조간). 정식회의는 회의록을 작성해야 하므로 '준비회합'으로 회의록 작성을 피해가려고 했던 것입니다.

이러한 행태를 보더라도 그들은 내용에 상당히 자신이 없었을 거라고 생각합니다. 그러나 어쨌든 그 운용기준안에는 특정비밀에 해당하는 정보를 55항목으로 세분하는 것, 2개의 '감시기관'을 설치하는 것, 부적절한 운용에 관한 내부고발 제도를 창설하는 것 등의 방침을 포함하고 있습니다.

그러나 이 '감시기관'도 허울뿐이며 각 부처 차관급으로 구성하는 '내각보전감시위원회'(기칭)를 내각관방에 설치하고 동시에 심의관급으로 구성하는 '독립공문서관리감'과 그 사무를 지원하는 '정보보전감찰실'을 내각부에 설치하는 것에 불과합니다. 모두 관료로 구성된 기구이며 동업자인 관료가 관료를 '감시'하는 것을 과연 신뢰할 수 있을지 누구라도 의문을 가질 것입니다.

게다가 실제로 이 업무를 하려면 상당수의 인원과 업무량이 필요하지만 그것을 대체 어떻게 확보할 것인지 설명조차 없습니다. 그리고 감시기구 모두 특정비밀을 지정한 행정기관의 장에게 관련자료 제출, 설명, 시정을 강제할 수 있는 권한은 없습니다. 감시기능이 제대로 작동할 거라고는 도저히 생각할 수 없습니다.

또한 운용기준안에는 특정비밀을 취급하는 외무성, 방위성 등 19개 행정기관에 부적절한 운용에 대한 '내부고발창구' 설치를 명시하였습니다. 그러나 특정비밀 내용을 누설하지 않도록 '요약'하여 고발해야 합니다. 즉 내용을 구체적으로 밝히지 않고 특정비밀 지정이 법적으로 이상하다고 고발자가 증명해야 합니다. 어떻게 해야 특정비밀 내용을 거론하지 않고 법적으로 이상하다고 설명할 수 있을지 전혀 그 의미를 모르겠습니다.

제3자 기관인 독립공문서관리감으로 내부고발하기 위해서는 행

정기관의 장이 그것과 관련한 조사에 착수하지 않은 경우 등 상당히
제한적인 경우에만 가능합니다. 지금의 내부고발 제도는 관료들도
없애자고 할 정도로 유명무실합니다. 이런 제도 하에서는 적극적으
로 문제제기하는 사람이 나타날 수 없을 것입니다. 이것은 단순히
국민의 비판을 피하기 위한 알리바이, 즉 임시방편으로 만들었다는
느낌이 강합니다.

　이렇듯 시행준비 과정에서 점점 문제가 도드라진 특정비밀보호법
은 하루라도 빨리 폐지해야 하며 정보공개법과 공문서관리법에 근
거하여 비밀의 적절한 공개와 관리를 실현해나가야 합니다. 그 때문
이라도 국립공문서관의 근본적인 강화를 비롯한 필요한 체제 정비
에 힘을 기울여야 하고(2014년 8월 29일, 내각부에 설치한 '국립공문
서관의 기능·시설의 바람직한 방향 등에 관한 조사검토회의'에서
'중간제언'을 발표하였습니다. 그 내용은 시설확충의 필요성을 다루
고 있지만 이 책에서 다뤘던 많은 과제는 언급되지 않았습니다.), 국
민 모두가 그 실행을 요구할 필요가 있습니다.

전근대적인 국가비밀주의에서 국민주권을 되찾기 위해

　우리들이 이 책을 준비하는 동안에도 정보공개 및 공문서관리의
중요성을 절실하게 느끼는 사건이 연달아 벌어졌습니다.

　오키나와 반환을 둘러싼 밀약문서의 공개에 관한 대법원의 결정
도 그 중 하나였습니다. 이 재판은 오키나와를 둘러싼 밀약문서의
공개를 요구하며 과거 마이니치신문 기자인 니시야마 다키치(西山

太吉) 씨와 작가인 사와치 히사에(澤地久枝) 씨 등 23인이 2009년에 국가를 상대로 소송한 것입니다. 2014년 7월 14일 대법원의 결정은 밀약문서가 존재하는 것 자체에 대해서는 2심의 도쿄 고등법원 판결을 지지하고 인정하였습니다. 그러나 '이미 문서는 폐기되었다'는 국가 측의 주장을 인징하여 '공개해달라'는 요구는 기각하였습니다. 정보공개 청구인에게 문서의 존재를 증명할 책임까지 요구한 이번 판결은 정보공개법과 공문서관리법의 기본이념에 반하며 행정기관이 마음대로 정보를 감추는 것을 허용하는 특정비밀보호법의 논리를 따르는 것입니다.

또한 제2차 세계대전 이후의 외교문서가 2014년 7월 24일에 공개되었습니다. 1961년(쇼와 36) 11월 핵병기 사용금지를 요구한 UN결의에 일본정부가 찬성투표한 것은 국내여론을 의식하였기 때문이었다는 것, 1964년의 중국의 핵실험에 관해서는 경계를 강화한 미국과는 다르게 일본정부는 매우 낙관적으로 전망하였다는 것 등이 처음으로 밝혀졌습니다.

이러한 국가의 안전보장에 관한 중요한 정보도 특정비밀보호법 하에서는 반영구적인 비밀로 지속될 확률이 높아졌습니다. 안전보장에 관한 정보라도 '특정비밀'로 예외 취급하지 않고 모두 정보공개법과 공문서관리법 체계 하에서 관리할 필요가 있는 당위성이 다시금 드러났습니다.

정보공개와 알권리의 중요성을 인식한 많은 사람들이 정치적 입장 차이를 뛰어넘어 30여년의 세월 동안 비밀유지와 정보공개의 균형까지 신경써가면서 겨우 수립한 체계가 바로 정보공개법과 공문

서관리법입니다. 정보공개 후진국이었던 일본은 이걸로 겨우 세계
에 부끄럽지 않은 체제를 구축하였고 이제 본격적으로 운용해나갈
출발선에 섰습니다.

그런데 그 노력과 지혜를 완전히 무시하는 존재가 특정비밀보호
법입니다. 하루라도 빨리 특정비밀보호법을 철폐함과 동시에 정보
공개 철저 및 공문서관리 제도의 확립, 그리고 공문서관의 확충정비
를 실현하는 것이야말로 국민주권을 보장해나가는 길입니다. 그것
을 위해 이 책이 도움이 되기를 바라 마지않습니다.

  *

집영사 신서 편집부의 이토 나오키(伊藤直樹) 씨와 구보(久保)
가 처음 만난 것은 2013년 10월 '특정비밀보호법에 반대하는 학자
모임'의 기자회견 장소였습니다. 역사학 입장에서의 설명에 주목
한 이토씨는 필자들에게 즉시 이 책의 집필 가능성을 타진해왔습
니다. 그로부터 1년이라는 짧은 기간 내에 이 책을 출간할 수 있
었던 것은 이토 씨를 비롯한 집영사 신서 편집부 모든 분들의 열
의와 질타·격려 덕분이었습니다. 마지막으로 다시 감사드립니
다.

2014년 9월

구보 도루(久保 亨)·세바타 하지메(瀬畑 源)

원문주석

서장

1 保坂渉, 『厚生省 AIDS ファイル』, 岩波書店, 1997, 7~15쪽.

2 政野淳子, 『四大公害病－水俣病, 新潟水俣病, イタイイタイ病, 四日市公害』, 中公新書, 2013, 9~11쪽.

3 『朝日新聞』 2013년 12월 3일 조간.

4 若泉敬, 『他策ナカリシヲ信ゼムト欲ス』, 文藝春秋, 1994, 443~449쪽.

5 外務省, 「いわゆる『密約』問題に関する有識者委員會報告書」 http://www.mofa.go.jp/mofaj/gaiko/mitsuyaku/pdfs/hokoku_yushiki.pdf

6 国立公文書館, 「独立行政法人国立公文書館の概要」, 1쪽.
http://www.archives.go.jp/information/pdf/gaiyou.pdf

1장

* 본 장에서 주석이 없는 것은 졸저, 『公文書をつかう』, 靑弓社, 2011, 19~69쪽을 참조.

1 『高見順日記』 第五卷, 勁草書房, 1965, 12쪽.

2 吉田裕, 「敗戦前後における公文書の焼却と隠匿」, 『現代歴史学と戦争責任』, 靑木書店, 1997, 127~130쪽.

3 加藤聖文, 「敗戦と公文書廃棄－植民地・占領地における実態」, 『史料館研究紀要』 33号, 2002, 106쪽.

4 田中宏巳, 「[解題]米議会図書館(LC)所蔵の旧陸海軍資料について」, 田中宏巳 編, 『米議会図書館所蔵占領接収旧陸海軍資料總目録』, 東洋書林, 1995, Ⅹ쪽.

5 『朝日新聞』 2013년 3월 8일 조간.

6 山本和重,「自治体史編纂と軍事史研究」,『季刊戦争責任研究』 2004年 秋季号, 31~39쪽; 吉田裕,「加害の『忘却』と日本政府」,『視覚表象と集合的記憶』, 旬報社, 2006年, 237~242쪽.

7 衆議院議員保坂展人提出,『大同亞戦争』と靖國神社に関する質問に対する答弁書」 2001年 8月 28日. http://www.shugiin.go.jp/internet/itdb_shitsumon.nsf/html/shitsumon/b152015.htm

8 『徳川義寛 終戦日記』, 朝日新聞社, 1999, 282쪽.

9 加藤聖文,「喪われた記録ー戦時下の公文書廃棄」,『國文学研究資料館紀要 アーカイブズ研究篇』 1号, 2005, 1~27쪽.

10 行政管理庁行政管理局,「各省庁における文書管理にかんする調査結果」,『O&M 情報』 1976年 3月号, 42~61쪽.

11 朝日新聞情報公開取材班,『開かれた政府を 日本での情報公開』, 朝日新聞社, 1981, 98쪽.

2장

* 본 장에서 주석이 없는 것은 졸저,『公文書をつかう』, 靑弓社, 2011, 69~123쪽을 참조.

1 マックス・ウェーバー 저, 世良晃志郎 역,『支配の社会学Ⅰ』, 創文社, 1960, 121~124쪽.

2 세바타 하지메 번역. 1822년 8월 4일, 윌리엄 테일러 배리(William Taylor Barry)에게 보낸 편지의 서두 일부분. http://oll.libertyfund.org/titles/1940#lf356-09_head_030

3 林田学,『情報公開法』, 中公新書, 2001, 37쪽.

4 岡本篤尚,『国家秘密と情報公開ーアメリカ情報自由法と国家秘密特権の法理』, 法律文化社, 1998, 1~22쪽.

5 『朝日新聞』 1980년 11월 9일 조간.

6 鶴岡憲一・浅岡美恵,『日本の情報公開法ー抵抗する官僚』, 花伝社, 1997, 10~15쪽.

7 東郷和彦,「核密約『赤いファイル』はどこへ消えた」,『文藝春秋』2009年 10月号.

8 「情報公開にまつわる日々の出来事－情報公開クリアリングハウス理事長日誌」
2012年 3月 19日. http://johokokai.exblog.jp/17690697

3장

1 内閣府,「『原子力災害対策本部』に関するヒアリング結果」, 2쪽. http://www8.
cao.go.jp/koubuniinkai/iinkaisai/2011/20120229/20120229haifu1-1.pdf

2 内閣府,「平成24年度における公文書等の管理等の状況について」, 20쪽. http://www8.
cao.go.jp/chosei/koubun/houkoku/heisei24nendo_houkoku.pdf

3 總務省,「平成24年度における行政機關情報公開法の施行の状況について」, 5쪽.
http://www.soumu.go.jp/main_content/000273636.pdf

4 위의 주석 2와 동일. 95쪽.

5 「日本海海戰電報報告1(1)」30쪽, アジア歴史資料センター http://www.jacar.go.
jp/nichiro2/topic/djvu/topic01_03/C09050518500.djvu

4장

1 久米邦武 編,『特命全權大使米歐回覽実記 第四篇 歐羅巴大陸ノ部 中』第七八卷,
390~339쪽, 1893년 5월 29일, 베네치아 방문 시의 기록.
제4장의 각국 공문서관 현황에 대해서는 다음의 분들이 정보를 제공해주셨
습니다. 고토 하루미(後藤春美, 도쿄대학 교수), 요시자와 후미토시(吉澤文
寿, 니가타국제대학 교수), 가와시마 신(川島真, 도쿄대학 준교수). 감사드립
니다. 다만 해당 정보의 최종적인 책임은 필자에게 있습니다.

5장

1 일본변호사연합회 웹사이트에서 전문번역본을 공개하고 있습니다. 「国家安
全保障と情報の権利に関する国際原則(ツワネ原則)」. http://www.nichibenren.
or.jp/library/ja/opinion/statement/data/2013/tshwane.pdf

2 「特定秘密保護法案 徹底批判(佐藤優×福島みずほ) その1」. http://blogos.com/

article/75169/?p=2

3 谷垣禎一, 「われら民主党議員『スパイ防止法案』に反対する」, 『中央公論』1987年
4月号, 79~80쪽.

4 「衆議院議員長妻昭提出特定秘密保護法案及び防衛省の秘密解除後の文書公開と
破棄に関する質問に対する答弁書」, 2013年12月6日. http://www.shugiin.go.jp/
internet/itdb_shitsumon.nsf/html/shitsumon/b185098.htm

참고문헌

青山英幸, 『アーカイブズとアーカイバル・サイエンス－歴史的背景と課題』, 岩田書院, 2004.

浅井直人 ほか, 『逐條解説 公文書管理法・施行令』(改訂版), ぎょうせい, 2011.

朝日新聞情報公開取材班, 『開かれた政府を 日本での情報公開』, 朝日新聞社, 1981.

今岡直子(国立国会図書館調査及び立法考査局行政法務課), 「諸外国における国家秘密の指定と解除－特定秘密保護法案をめぐって」, 『調査と情報』 2013年10月31日.

マックス・ウェーバー 著, 世良晃志郎 訳, 『支配の社会学Ⅰ』, 創文社, 1960.

宇賀克也, 『逐條解説 公文書等の管理に関する法律』(改訂版), 第1法規, 2011.

宇賀克也, 『新・情報公開法の逐條解説: 行政機關情報公開法・独立行政法人等情報公開法』(第6版), 有斐閣, 2014.

右崎正博・三宅弘 編, 『情報公開を進めるための公文書管理法解説』, 日本評論社, 2011.

大澤武彦, 「中国国家檔案局・中央檔案館の最近の動向」, 『アーカイブズ』 52号, 2014.

小川千代子, 『世界の文書館』, 岩田書院, 2000.

海渡雄一・清水勉・田島泰彦 編, 『秘密保護法, なにが問題か－検証と批判』, 岩波書店, 2014.

加藤聖文, 「敗戦と公文書廃棄－植民地・占領地における実態」, 『歴史館研究紀要』 33号, 2002.

加藤聖文, 「喪われた記録－戦時下の公文書廃棄」, 『国文学研究資料館紀要 アーカイブズ研究篇』 1号, 2005.

菊池光興, 「世界の公文書館を巡る動向と日本の課題」, 『アーカイブズ』 38号, 2010.

櫻井敏雄, 「公文書をめぐる諸課題－公文書管理法,情報公開法, 特定秘密保護法」, 『立法と調査』 2014年 1月号.

自由法曹団・秘密保護法プロジェクト 編, 『これが秘密保護法だ－全条文徹底批判』 合同出版, 2014.

瀬畑源, 『公文書をつかう－公文書管理制度と歴史研究』, 青弓社, 2011.

田島泰彦・清水勉 編, 『秘密保全法批判－脅かされる知る権利』, 日本評論社, 2013.

鶴岡憲一・浅岡美恵, 『日本の情報公開法-抵抗する官僚』, 花伝社, 1997.

林田学, 『情報公開法』, 中公新書, 2001.

吉田裕, 『現代歴史学と戦争責任』, 青木書店, 1997.

米川恒夫, 「ベトナムの公文書館制度について」, 『アーカイブズ』 26号, 2007.

「源清流清－瀬畑源ブログ」　http://h-sebata.blog.so-net.ne.jp/

「情報公開にまつわる日々の出来事－情報公開クリアリングハウス理事長日誌」
　　　(三木由希子理事長)　http://johokokai.exblog.jp/

History of the Public Records Acats
　　　http://www.nationalarchives.gov.uk/information-management/legislation/public-records-act/history-of-pra/

부록 1

특정비밀의 보호에 관한 법률

(2013년 12월 13일 법률 제108호)
* 본문과 관련된 조문을 발췌

제1장 총칙

제1조(목적) 이 법률은 국제정세의 복잡화에 따른 우리나라 및 국민의 안전확보에 관한 정보의 중요성이 증대함과 동시에 고도정보통신 네트워크사회의 발전에 따른 그 유출의 위험성이 우려되는 가운데 우리나라의 안전보장(국가의 존립에 관한 외부로부터의 침략 등에 대해 국가 및 국민의 안전을 보장하는 것을 말한다. 이하 같음)에 관한 정보 중에서 특히 은닉할 필요가 있는 것에 대하여 이것을 적절히 보호하는 체계를 확립한 후에 수집하고, 정리하고, 활용하는 것이 중요하다는 것을 감안하여 해당 정보의 보호에 관해 특정비밀의 지정 및 취급자 제한 그리고 기타 필요한 사항을 규정하여 그 유출 방지를 도모하며 따라서 우리나라 및 국민의 안전확보에 이바지하는 것을 목적으로 한다.

제2조(정의) 이 법률에서「행정기관」이라는 것은 다음에 열거하는 기관을 말한다.[생략]

제2장 특정비밀의 지정 등

제3조(특정비밀의 지정)　행정기관의 장(중략)은 해당 행정기관의 소관
　사무와 관련된 별표에 나열된 사항에 관한 정보이면서 동시에 공개
　되지 않은 것 중에서 그 유출이 우리나라의 안전보장에 심각한 지장
　을 줄 우려가 있기 때문에 특별히 은닉할 필요가 있는 것(미일상호방
　위원조협정 등에 따른 비밀보호법(1953년 법률 제166호) 제1조 제3항
　에 규정된 특별방위비밀에 해당하는 것은 제외한다)을 특정비밀로
　지정하는 것으로 한다. 단 내각총리대신이 제18조 제2항에 규정된
　자의 의견을 청취하여 정령으로 정한 행정기관의 장에 대해서는 이
　범위에 들지 않는다.
　(2, 3조 생략)
제4조(지정의 유효기간 및 해제)　행정기관의 장은 지정을 할 때는 해
　당 지정일로부터 기산하여 5년을 넘기지 않는 범위 내에서 그 유효
　기간을 정하는 것으로 한다.
2　행정기관의 장은 지정 유효기간(이 항의 규정에 의해 연장한 유효
　기간을 포함한다)이 만료된 때에 해당 지정을 한 정보가 앞의 조 1항
　에 규정된 요건을 충족할 때는 정령으로 규정한 바에 의해 5년을 초
　과하지 않는 범위에서 그 유효기간을 연장하는 것으로 한다.
3　지정 유효기간은 통상 30년을 넘길 수가 없다.
4　앞항의 규정에도 불구하고 정부의 제반활동을 국민에게 설명할 책
　임을 다하는 관점에서도 또한 지정에 관한 정보를 공개하지 않는 것
　이 현재 우리나라 및 국민의 안전을 확보하기 위해 어쩔 수 없는 것
　에 대해서 그 이유를 적시하고 내각의 승인을 얻은 경우(중략)는 행

정기관의 장은 해당 지정의 유효기간을 통상 30년을 넘겨 연장할 수 있다. 단 다음의 각호에 열거된 사항에 관한 정보를 제외하고 지정 유효기간은 통상 60년을 넘길 수가 없다.

一 무기, 탄약, 항공기, 기타 방위용으로 제공되는 것(선박을 포함한다. 별표 제1호와 같다.)

二 현재 진행 중인 외국(본국의 영외에 있는 국가 혹은 지역을 말한다. 이하 동일)의 정부 또는 국제기관과의 교섭에 불이익을 미칠 우려가 있는 정보

三 정보수집활동 방법 또는 능력

四 인적정보원에 관한 정보

五 암호

六 외국정부 또는 국제기관에서 60년을 넘겨 지정을 할 것을 조건으로 제공받은 정보

七 앞의 각호에 열거된 사항에 관한 정보에 준하는 것으로 정령으로 규정된 중요한 정보

(5 생략)

6 행정기관의 장은 제4항의 내각 승인을 얻지 못한 때는 공문서 등의 관리에 관한 법률(2009년 법률 제66호) 제8조 제1항의 규정에 관계없이 해당 지정에 관한 정보가 기록된 행정문서파일 등(동법 제5조 제5항에 규정된 행정문서파일 등을 말한다)의 보존기간 만료와 동시에 이것을 국립공문서관 등(동법 제2조 제3항에서 규정한 국립공문서관 등을 말한다)으로 이관해야 한다.

7 행정기관의 장은 지정을 한 정보가 앞의 조 제1항에서 규정한 요건 결여에 도달한 때는 유효기간 이내라도 정령으로 규정한 바에 의해

신속히 그 지정을 해제하는 것으로 한다.

제6장 잡칙

제18조(특정비밀의 지정 등의 운용기준 등) 정부는 특정비밀의 지정
   및 그 해제, 적성평가 실시에 관하여 통일적인 운용을 도모하기 위한
   기준을 규정하는 것으로 한다.
2   내각총리대신은 앞의 항의 기준을 규정하거나 변경하려고 할 때는
   우리나라의 안전보장에 관한 정보의 보호, 행정기관 등이 보유한 정
   보의 공개, 공문서 등의 관리 등에 관하여 뛰어난 식견을 가진 자의
   의견을 청취한 후 그 안을 작성하고 각의(閣議) 결정을 요청해야 한
   다.
3   내각총리대신은 매년 제1항의 기준에 근거한 특정비밀의 지정 및
   그 해제, 적성평가 실시 상황을 앞의 항에서 규정한 자에게 보고하고
   그 의견을 청취해야 한다.
4   내각총리대신은 특정비밀의 지정 및 그 해제, 적성평가 실시 상황
   에 관한 적정성을 확보하기 위해 제1항의 기준에 근거하여 내각을
   대표하고 행정 각부를 지휘감독하는 것으로 한다. 이 경우에 내각총
   리대신은 특정비밀의 지정 및 해제, 적성평가 실시가 해당 기준에 따
   라 이뤄지는 것을 확보하기 위해 필요하다고 인정될 때는 행정기관
   의 장(회계검사원은 제외한다)에 대하여 특정비밀인 정보를 포함한
   자료의 제출 및 설명을 요구하며 또한 특정비밀의 지정 및 그 해제,
   적성평가 실시에 관하여 개선해야 하는 취지의 지시를 할 수 있다.

제19조(국회의 보고 등) 정부는 매년 앞의 조 제3항의 의견을 첨부하여 특정비밀의 지정 및 해제, 적성평가 실시 상황에 관하여 국회에 보고함과 동시에 공표하는 것으로 한다.

제22조(이 법률의 해석운용) 이 법률의 운용에 있어서는 이것을 확장하여 해석하고 국민의 기본적 인권을 부당하게 침해하려는 것이 있어서는 안 되며 국민의 알권리 보장에 기여하는 보도 또는 취재의 자유를 충분히 배려해야 한다.

2 출판 또는 보도 업무에 종사하는 자의 취재행위에 대해서는 오로지 공익을 도모할 목적을 갖고 동시에 법령위반 또는 현저히 부당한 방법이라고 인정되지 않는 한은 이것을 정당한 업무에 의한 행위로 하기로 한다.

제7장 벌칙

제23조 특정비밀 취급업무에 종사하는 자가 그 업무로 인해 알게 된 특정비밀을 유출한 때는 10년 이하의 징역에 처하거나 또는 정황에 따라 10년 이하의 징역 및 천만 엔 이하의 벌금에 처한다. 특정비밀의 취급업무에 종사하지 않게 된 후에도 동일하다.

2 제4조 제5항, 제9조, 제10조 또는 제18조 제4항 후단의 규정에 의해 제공된 특정비밀에 대해서는 해당 제공의 목적인 업무로 인해 해당 특정비밀을 알게 된 자가 이것을 유출한 때는 5년 이하의 징역 또는 정황에 따라 5년 이하의 징역 및 5백만 엔 이하의 벌금에 처한다. 제10조 제1항 제1호 나에 규정된 경우에 따라 제공된 특정비밀에 대해서

는 해당 특정비밀을 제공받은 자가 이것을 유출한 때에도 동일하다.

3 앞의 2항의 죄의 미수(未遂)는 처벌한다.

(4, 5 생략)

제24조 외국의 이익 혹은 자신의 부정이익을 도모하거나 또는 우리나
라의 안전 혹은 국민의 생명 혹은 신체를 위해할만한 용도에 제공할
목적으로 사람을 속이고, 폭행을 가하고, 혹은 협박하는 행위에 의해
또는 재물의 절취 혹은 손괴, 시설의 침입, 유선전기통신의 도청, 부
정엑세스행위(부정엑세스행위의 금지 등에 관한 법률(1999년 법률
제128호) 제2조 제4항에 규정된 부정엑세스행위를 말한다), 기타 특
정비밀을 보유한 자의 관리를 해하는 행위에 의해 특정비밀을 취득
한 자는 10년 이하의 징역 또는 정황에 따라 10년 이하의 징역 및 천
만 엔 이하의 벌금에 처한다.

2 앞의 항의 죄의 미수(未遂)는 처벌한다.

제25조 제23조 제1항 또는 앞의 조 제1항에서 규정한 행위의 수행을
공모하고, 교사하고, 또는 선동한 자는 5년 이하의 징역에 처한다.

2 제23조 제2항에서 규정하는 행위의 수행을 공모하고, 교사하고, 또
한 선동한 자는 3년 이하의 징역에 처한다.

부칙

제9조(지정 및 해제의 적정성 확보) 정부는 행정기관의 장에 의한 특
정비밀의 지정 및 그 해제에 관한 기준 등이 제대로 안전보장에 기
여하는지를 독립적인 공정한 입장에서 검토 및 감찰하는 것이 가능

한 새로운 기관의 설치, 기타 특정비밀의 지정 및 그 해제의 적정성
을 확보하기 위해 필요한 방책에 관해 검토하고 그 결과에 근거하여
필요한 조치를 강구하는 것으로 한다.

별표(제3조, 제5조-제9조 관련)

一　방위에 관한 사항

가　자위대 운용 또는 이것과 관련된 견적 혹은 계획 혹은 연구

나　방위에 관해 수집한 전파정보, 화상정보, 기타 중요한 정보

다　나에 열거된 정보의 수집정리 또는 그 능력

라　방위력 정비에 관한 견적 혹은 계획 혹은 연구

마　무기, 탄약, 항공기, 기타 방위용으로 제공하는 물품의 종류 또
는 수량

바　방위용으로 제공하는 통신망의 구성 또는 통신방법

사　방위용으로 제공하는 암호

아　무기, 탄약, 항공기, 기타 방위용으로 제공하는 물건 또는 이것
들의 연구개발단계 형태의 사양, 성능 또는 사용방법

자　무기, 탄약, 항공기, 기타 방위용으로 제공하는 물건 또는 이것
들의 연구개발단계 형태의 제작, 검사, 수리 또는 시험방법

차　방위용으로 제공하는 시설의 설계, 성능 또는 내부의 용도(바에
열거된 것은 제외한다)

二　외교에 관한 사항

가　외국정부 또는 국제기관과의 교섭 또는 협력방침 또는 내용 중
에서 국민의 생명 및 신체의 보호, 영역의 보존, 기타 안전보장에
관한 중요한 것

나　안전보장을 위해 우리나라가 실시하는 화물의 수출 혹은 수입의
금지, 기타 조치 또는 그 방침(제1호 가 혹은 나, 제3호 가 또는 제4
호 가에 열거된 것은 제외한다)

다　안전보장에 관해 수집한 국민의 생명 및 신체의 보호, 영역의 보
전 혹은 국제사회의 평화와 안전에 관한 중요한 정보 또는 조약,
기타 국제약속에 기반하여 보호하는 것이 필요한 정보(제1호 나,
제3호 나 또는 제4호 나에 열거된 것은 제외한다)

라　다에 열거된 정보의 수집정리 또는 그 능력

마　외무성 본부와 재외공관과의 통신, 기타 외교용으로 제공하는 암호

三　특정유해활동 방지에 관한 사항

가　특정유해활동에 의한 피해 발생 혹은 확대 방지(이하 이 호에서
「특정유해활동 방지」라고 한다)를 위한 조치 또는 이것에 관한 계
획 혹은 연구

나　특정유해활동 방지에 관해 수집한 국민의 생명 및 신체의 보호
에 관한 중요한 정보 또는 외국정부 혹은 국제기관에서의 정보

다　나에 열거된 정보의 수집정리 또는 그 능력

라　특정유해활동 방지용으로 제공하는 암호

四　테러리즘 방지에 관한 사항

가　테러리즘에 의한 피해 발생 혹은 확대 방지(이하 이 호에서 「테

러리즘 방지」라고 한다)를 위한 조치 또는 이것에 관한 계획 혹은
연구

나　테러리즘 방지에 관해 수집한 국민의 생명 및 신체의 보호에 관
한 중요한 정보 또는 외국정부 혹은 국제기관에서의 정보

다　나에 열거된 정보의 수집정리 또는 그 능력

라　테러리즘 방지용으로 제공하는 암호

부록 2

공문서 등의 관리에 관한 법률

(2009년 7월 1일 법률 제66호)
* 본문과 관련된 조문을 발췌

제1장 총칙

제1조(목적)　이 법률은 국가 및 독립행정법인 등의 모든 활동과 역사
　　적 사실의 기록인 공문서 등이 건전한 민주주의의 근간을 지지하는
　　국민공유의 지적자원으로서 주권자인 국민이 주체적으로 이용할 수
　　있는 것을 감안하고 국민주권 이념에 따라 공문서 등의 관리에 관한
　　기본적인 사항을 정하는 것 등에 의해 행정문서 등의 적정한 관리,
　　역사공문서 등의 적절한 보존 및 이용 등을 도모하며 나아가 행정이
　　적정하고 효율적으로 운영되도록 함과 동시에 국가 및 독립행정법인
　　등의 모든 활동을 현재 및 미래의 국민에게 설명할 책무가 주어지는
　　것을 목적으로 한다.

제2조(정의)　이 법률에서 「행정기관」이란 다음에 열거하는 기관을 말
　　한다.[생략]

　(2 생략)

3 이 법률에서「국립공문서관 등」이란 다음에 열거하는 시설을 말한다.

　一　독립행정법인 국립공문서관(이하「국립공문서관」으로 한다)을 설치한 공문서관

　二　행정기관의 시설 및 독립행정법인 등의 시설이며 앞의 호에서 열거한 시설과 비슷한 기능을 가진 것으로 정령에서 규정한 것

4 이 법률에서「행정문서」란 행정기관의 직원이 직무상 작성하고 또는 취득한 문서(그림 및 전자적 기록(전자적 방식, 자기적 방식, 기타 인간의 지각으로는 인식할 수 없는 방식으로 작성된 기록을 말한다. 이하 같다)을 포함한다. 제19조를 제외하고 이와 같다.)이며 해당 행정기관의 직원이 조직적으로 이용하는 것으로서 해당 행정기관이 보유하고 있는 것을 말한다. 단 다음에 열거하는 것을 제외한다.

　一　관보, 백서, 신문, 잡지, 서적, 기타 불특정 다수의 사람에게 판매하는 것을 목적으로 발행한 것

　二　특정역사공문서 등

　三　정령에서 규정한 연구소 및 기타 시설에서 정령에서 규정한 것에 의해 역사적 혹은 문화적 자료 또는 학술연구용 자료로서 특별 관리가 되고 있는 것(앞의 호에 열거된 것을 제외한다.)

(5 생략)

6 이 법률에서「역사공문서 등」이란 역사자료로서 중요한 공문서 및 기타 문서를 말한다.

7 이 법률에서「특정역사공문서 등」이란 역사공문서 등 중에서 다음에 열거하는 것을 말한다.

　一　제8조 제1항 규정에 따라 국립공문서관 등에 이관된 것

　(二~四 생략)

8 이 법률에서 「공문서 등」이란 다음에 열거하는 것을 말한다.

　一　행정문서

　二　법인문서

　三　특정역사공문서 등

제3조(타 법령과의 관계)　공문서 등의 관리에 관해서는 다른 법률 또는 이것에 근거한 명령에 특별한 규정이 있는 경우를 제외하고는 이 법률이 정하는 바에 따른다.

제2장 행정문서의 관리

제1절　문서의 작성

제4조　행정기관의 직원은 제1조의 목적달성에 이바지하기 위해 해당 행정기관에서의 경위도 포함한 의사결정에 도달한 과정 및 해당 행정기관의 사무 및 사업의 실적을 합리적으로 추적하거나 검증할 수 있도록 처리와 관련된 사안이 경미한 경우를 제외하고 다음에 열거하는 사항 및 기타 사항에 관해서 문서를 작성해야 한다.

　一　법령제정 또는 개정/폐기 및 그 경위

　二　앞 호에서 규정하는 것 외에 각의(閣議), 관련 행정기관의 장으로 구성된 회의 또는 각 부처 회의(省議)(이에 준하는 것을 포함한다)의 결정 또는 승인 및 그 경위

　三　복수의 행정기관에 의한 합의 또는 다른 행정기관 혹은 지방공공단체에게 알리는 기준의 설정 및 그 경위

　四　개인 또는 법인의 권리의무의 득실 및 그 경위

五. 직원의 인사에 관한 사항

제2절 행정문서의 정리 등

제5조(정리) 행정기관의 직원이 행정문서를 작성 또는 취득한 때는
해당 행정기관의 장은 정령에서 정하는 바에 따라 해당 행정문서에
대하여 분류하고 명칭을 부여함과 동시에 보존기간 및 보존기간 만
료일을 설정해야 한다.

2 행정기관의 장은 능률적인 사무 또는 사업의 처리 및 행정문서의
적절한 보존에 이바지하도록 단독으로 관리하는 것이 적당하다고 인
정되는 행정문서를 제외하고 적시에 상호 밀접한 관련을 갖는 행정
문서(보존기간을 똑같이 하는 것이 적당한 것으로 한정한다.)를 하나
의 집합물(이하「행정문서파일」이라 한다.)로 정리해야 한다.

3 앞의 항의 경우에서 행정기관의 장은 정령에서 정한 바에 따라 해
당 행정문서파일에 대해 분류하고 명칭을 부여함과 동시에 보존기간
및 보존기간 만료일을 설정해야 한다.

4 행정기관의 장은 제1항 및 앞의 항의 규정에 따라 설정된 보존기간
및 보존기간 만료일을 정령에서 정한 바에 따라 연장할 수 있다.

5 행정기관의 장은 행정문서파일 및 단독으로 관리하고 있는 행정문
서(이하「행정문서파일 등」이라 한다.)에 대하여 보존기간(연장된 경
우에는 연장 후의 보존기간. 이하 같음)의 만료 전에 가능한 한 빠른
시기에 보존기간이 만료된 때의 조치로서 역사공문서 등에 해당하는
것은 정령에서 규정한 바에 따라 국립공문서관 등으로의 이관 조치
를 그 이외의 것은 폐기조치를 하도록 규정해야 한다.

제6조(보존) 행정기관의 장은 행정문서파일 등에 대하여 해당 행정문

서파일 등의 보존기간 만료일까지의 기간 동안 그 내용, 시간의 경과, 이용현황 등에 따라 적절한 보존 및 이용을 확보하기 위해 필요한 장소에서 적절한 기록매체에 의해 식별이 용이하도록 조치를 강구한 후에 보존해야 한다.

2 앞의 항의 경우에서 행성기관의 장은 해당 행정문서파일 등의 집중관리 추진에 노력해야 한다.

제7조(행정문서파일관리부) 행정기관의 장은 행정문서파일 등의 관리를 적절히 하기 위해 정령에서 정한 바에 따라 행정문서파일 등의 분류, 명칭, 보존기간, 보존기간 만료일, 보존기간이 만료되었을 때의 조치 및 보존장소, 기타 필요한 사항중략을 대장(이하「행정문서파일관리부」라고 한다.)에 기재해야 한다.[생략]

2 행정기관의 장은 행정문서파일관리부에 대하여 정령에서 정하는 바에 따라 해당 행정기관의 사무소에 비치하여 일반인의 열람에 제공함과 동시에 전자정보처리조직을 사용하는 방법 및 기타 정보통신기술을 이용하는 방법에 따라 공표해야 한다.

제8조(이관 또는 폐기) 행정기관의 장은 보존기간이 만료된 행정문서파일 등에 대하여 제5조 제5항의 규정에 근거하여 국립공문서관 등으로 이관하거나 폐기해야 한다.

2 행정기관중략의 장은 앞의 항의 규정에 따라 보존기간이 만료된 행정문서파일 등을 폐기하려고 할 때는 사전에 내각총리대신과 협의하고 그 동의를 얻어야 한다. 이 경우에 내각총리대신의 동의를 얻지 못할 때는 해당 행정기관의 장은 해당 행정문서파일 등에 대하여 새로운 보존기간 및 보존기간 만료일을 설정해야 한다.

3 행정기관의 장은 제1항의 규정에 따라 국립공문서관 등으로 이관

할 행정문서파일 등에 대하여 제16조 제1항 제1호에 열거한 경우에 해당하여 국립공문서관 등에서 이용제한을 하는 것이 적절하다고 인정되는 경우에는 그 취지의 의견을 첨부해야 한다.

4 내각총리대신은 행정문서파일 등에 대하여 특별히 보존할 필요가 있다고 인정되는 경우에는 해당 행정문서파일 등에 대하여 폐기조치를 취하지 않도록 요구할 수 있다.

제9조(관리상황 보고 등) 행정기관의 장은 행정문서파일관리부의 기재상황 및 기타 행정문서의 관리상황에 대하여 매년 내각총리대신에게 보고해야 한다.

2 내각총리대신은 매년 앞의 항의 보고를 취합정리하여 그 개요를 공표해야 한다.

3 내각총리대신은 제1항에서 규정하는 것 이외에 행정문서의 적정한 관리를 확보하는데 필요하다고 인정되는 경우에는 행정기관의 장에게 행정문서의 관리에 대해 그 상황 관련 보고 혹은 자료의 제출을 요구하거나 또는 해당 직원에게 현장조사를 시킬 수 있다.

4 내각총리대신은 앞의 항의 경우에 역사공문서 등의 적절한 이관을 확보하는데 필요하다고 인정되는 때는 국립공문서관에 해당 보고 혹은 자료의 제출을 요구하거나 또는 현장조사를 시킬 수 있다.

제10조(행정문서관리규칙) 행정기관의 장은 행정문서의 관리가 제4조부터 앞의 조까지의 규정에 근거하여 적정하게 이뤄지는 것을 확보하기 위해서 행정문서 관리에 관한 규정(이하「행정문서관리규칙」이라 한다.)을 설계해야 한다.

2 행정문서관리규칙에는 행정문서에 관하여 다음에 열거하는 사항을 기재해야 한다.

一　생산에 관한 사항

二　정리에 관한 사항

三　보존에 관한 사항

四　행정문서파일관리부에 관한 사항

五　이관 또는 폐기에 관한 사항

六　관리상황 보고에 관한 사항

七　그밖에 정령에서 규정하는 사항

3　행정기관의 장은 행정문서관리규칙을 설계하려고 할 때는 사전에 내각총리대신과 협의하고 그 동의를 얻어야 한다. 이것을 변경하려고 할 때에도 동일하다.

4　행정기관의 장은 행정문서관리규칙을 설계한 때는 지체 없이 이것을 공표해야 한다. 이것을 변경한 때에도 동일하다.

제4장 역사공문서 등의 보존, 이용 등

제15조(특정역사공문서 등의 보존 등)　국립공문서관 등의 장중략은 특정역사공문서 등에 대하여 제25조의 규정에 따라 폐기에 이르는 경우를 제외하고는 영구히 보존해야 한다.

(2~4 생략)

제16조(특정역사공문서 등의 이용청구 및 그 취급)　국립공문서관 등의 장은 해당 국립공문서관 등에서 보존하는 특정역사공문서 등에 대해 앞의 조 제4항의 목록기재에 따른 이용청구가 있는 경우에는 다음에 열거하는 경우를 제외하고는 이용을 허락해야 한다.

一   해당 특정역사공문서 등이 행정기관의 장으로부터 이관된 것이
     며, 해당 특정역사공문서 등에 다음에 열거하는 정보가 기록되어
     있는 경우
     가   행정기관정보공개법 제5조 제1호에 열거된 정보
     나   행정기관정보공개법 제5조 제2호 또는 제6호 가 혹은 마에
          열거된 정보
     다   공개하는 것에 의해 국가의 안전이 위해받을 우려, 타국 혹
          은 국제기관과의 신뢰관계가 손상될 우려 또는 타국 혹은
          국제기관과의 교섭상 불이익을 받을 우려가 있다고 해당
          특정역사공문서 등을 이관한 행정기관의 장이 인정하는
          것에 대해 상당한 이유가 있는 정보
     라   공개하는 것에 의해 범죄의 예방, 진압 또는 수사, 공소의
          유지, 형의 집행, 기타 공공의 안전과 질서유지에 지장을 줄
          우려가 있다고 해당 특정역사공문서 등을 이관한 행정기관의
          장이 인정하는 것에 대해 상당한 이유가 있는 정보
  (二~五 생략)
2   국립공문서관 등의 장은 앞의 항에서 규정한 이용의 청구(이하 「이
    용청구」라고 한다.)와 관련된 특정역사공문서 등이 같은 항 제1호 또
    는 제2호에 해당하는지에 관하여 판단하는 것에 있어서는 해당 특정
    역사공문서 등이 행정문서 또는 법인문서로서 작성 또는 취득된 이
    후의 시간경과를 고려함과 동시에 해당 특정역사공문서 등에 제8조
    제3항 또는 제11조 제5항 규정에 따른 의견이 첨부된 경우에는 해당
    의견을 참작해야 한다.
  (3 생략)

제21조(이의신청 및 공문서관리위원회의 자문) 이용청구에 대한 처분
  또는 이용청구에 관한 부작위에 대하여 불복이 있는 자는 국립공문
  서관 등의 장에게 행정불복심사법(1962년 법률 제160호)에 의한 이의
  신청을 할 수가 있다.
(2 생략)
제26조(보존 및 이용 상황의 보고 등) 국립공문서관 등의 장은 특정역
  사공문서 등의 보존 및 이용 상황에 대해 매년 내각총리대신에게 보
  고해야 한다.
2 내각총리대신은 매년 앞의 항의 보고를 취합정리하여 그 개요를 공
  표해야 한다.
제27조(이용 등 규칙) 국립공문서관 등의 장은 특정역사공문서 등의
  보존, 이용 및 폐기가 제15조부터 제20조까지 및 제23조부터 앞의 조
  까지의 규정에 근거하여 적절히 이뤄지는 것을 확보하기 위해 특정
  역사공문서 등의 보존, 이용 및 폐기에 관한 규정(이하 「이용 등 규
  칙」이라 한다.)을 설계해야 한다.
  (2~4 생략)

제5장 공문서관리위원회

제28조(위원회의 설치) 내각부에 공문서관리위원회(이하 「위원회」라
  고 한다.)를 둔다.
2 위원회는 이 법률의 규정에 따라 그 권한에 속한 사항을 처리한다.
3 위원회의 위원은 공문서 등의 관리에 관해 우수한 식견을 가진 자

중에서 내각총리대신이 임명한다.

4 이 법률에서 규정하는 것 이외에 위원회 조직 및 운영에 관한 필요한 사항은 정령에서 정한다.

제30조(자료의 제출 등의 요구) 위원회는 그 소관 사무를 수행하는데 필요하다고 인정되는 경우에는 관계 행정기관의 장 또는 국립공문서관 등의 장에게 자료의 제출, 의견의 개진, 설명, 기타 필요한 협력을 요구할 수 있다.

제6장 잡칙

제31조(내각총리대신의 권고) 내각총리대신은 이 법률을 실시하기 위해 특별히 필요하다고 인정되는 경우에는 행정기관의 장에게 공문서 등의 관리에 대해 개선해야 하는 취지의 권고를 하고 해당 권고의 결과로 실시한 조치에 대하여 보고를 요구할 수 있다.

부록 3

행정기관이 보유한 정보의 공개에 관한 법률

(1999년 5월 14일 법률 제42호)
* 본문과 관련된 조문을 발췌

제1장 총칙

제1조(목적) 이 법률은 국민주권의 이념에 따라서 행정문서의 공개를
청구하는 권리에 대해 규정하는 것 등에 의해 행정기관이 보유한 정
보의 공개를 더욱 도모하며 따라서 정부의 제반활동을 국민에게 설
명할 책무를 완수할 수 있도록 함과 동시에 국민의 정확한 이해와
비판 하에서 공정하고 민주적인 행정의 추진에 기여하는 것을 목적
으로 한다.

제2조(정의) 이 법률에서「행정기관」은 다음에 열거하는 기관을 말한
다.[생략]

2 이 법률에서「행정문서」는 행정기관의 직원이 직무상 작성 또는 취
득한 문서, 도서 및 전자적 기록(전자적 방식, 자기적 방식, 기타 인
간의 지각으로는 인식할 수 없는 방식으로 작성된 기록을 말한다. 이
하 같다.)이며 해당 행정기관의 직원이 조직적으로 이용하는 것으로
서 해당 행정기관이 보유하고 있는 것을 말한다.[생략]

제2장 행정문서의 공개

제3조(공개청구권)　누구라도 이 법률이 규정하는 바에 따라 행정기관
　　의 장[중략]에게 해당 행정기관이 보유한 행정문서의 공개를 청구할
　　수 있다.

제5조(행정문서의 공개의무)　행정기관의 장은 공개청구가 있을 때는
　　공개청구와 관련된 행정문서에 다음 각 호에 열거하는 정보(이하「
　　비공개정보」라고 한다.) 중 어느 하나라도 기록된 경우를 제외하고
　　공개청구자에게 해당 행정문서를 공개해야 한다.

─　개인에 관한 정보(사업을 운영하는 개인의 해당 사업에 관한 정
　　보를 제외한다.)이며 해당 정보에 포함된 이름, 생년월일, 기타
　　기술된 사항 등으로 특정 개인을 식별할 수 있는 것(다른 정보와
　　조합하는 것으로 특정 개인을 식별할 수 있게 되는 것을 포함한
　　다.) 또는 특정 개인을 식별할 수는 없으나 공개하는 것에 의해
　　개인의 권리이익을 해할 우려가 있는 것. 단, 다음에 열거하는 정
　　보를 제외한다.

　　가　법령의 규정에 의해 또는 관행적으로 공개하거나 공개하는
　　　　것이 예정된 정보

　　나　사람의 생명, 건강, 생활 또는 재산을 보호하기 위해 공개
　　　　하는 것이 필요하다고 인정되는 정보

　　다　해당 개인이 공무원 등([중략]국가공무원[중략], 독립행정법
　　　　인 등[중략]의 임원 및 직원, [중략] 지방공무원 및 지방독립행
　　　　정법인[중략]의 임원 및 직원[중략])인 경우에 해당 정보가 그
　　　　직무수행에 관련된 정보일 때에는 해당 정보 중에서 해당 공

무원 등의 직급 및 해당 직무수행 내용에 관한 부분

二 법인 및 기타 단체(국가, 독립행정법인 등, 지방공공단체 및 지방독립행정법인을 제외한다. 이하「법인 등」이라고 한다.)에 관한 정보 또는 사업을 운영하는 개인의 해당 사업에 관한 정보이며 다음에 열거하는 것. 단, 인간의 생명, 건강, 생활 또는 재산을 보호하기 위해 공개로 하는 것이 필요하다고 인정되는 정보를 제외한다.

　　가 공개하는 것에 의해 해당 법인 등 또는 해당 개인의 권리, 경쟁상의 지위, 기타 정당한 이익을 해할 우려가 있는 것

　　나 행정기관의 요청을 받아 공개하지 않는 조건으로 임의로 제공받은 것으로 법인 등 또는 개인에게 일반적으로 공개하지 않는 것 및 해당 조건을 첨부한 것이 해당 정보의 성격, 당시의 상황 등에 비추어서 합리적이라고 인정되는 것

三 공개하는 것에 의해 국가의 안전이 위협받을 우려, 타국 혹은 국제기관과의 신뢰관계가 손상될 우려 또는 타국 혹은 국제기관과의 교섭상 불이익을 받을 우려가 있다고 행정기관의 장이 인정하는 것에 대하여 상당한 이유가 있는 정보

四 공개하는 것에 의해 범죄의 예방, 진압 또는 수사, 공소의 유지, 형의 집행, 기타 공공의 안전과 질서의 유지에 지장을 줄 우려가 있다고 행정기관의 장이 인정하는 것에 대하여 상당한 이유가 있는 정보

五 국가기관, 독립행정법인 등, 지방공공단체 및 지방독립행정법인의 내부 또는 상호간의 심의, 검토 또는 협의에 관한 정보이며 공개하는 것에 의해 솔직한 의견 교환 혹은 의사결정의 중립성이

부당하게 손상받을 우려, 부당하게 국민들 사이에 혼란을 일으킬 우려 또는 특정한 자에게 부당하게 이익을 주거나 불이익을 끼칠 우려가 있는 것

六 국가기관, 독립행정법인 등, 지방공공단체 또는 지방독립행정법인이 하는 사무 또는 사업에 관한 정보이며 공개하는 것에 의해 다음에 열거하는 우려 및 기타 해당 사무와 사업의 성질상 해당 사무와 사업의 적정한 수행에 지장을 미칠 우려가 있는 것

　　가 감사, 검사, 단속, 시험 또는 조세의 부과 혹은 징수에 관련된 사무에 관하여 정확한 사실파악을 곤란하게 할 우려 또는 위법 혹은 부당한 행위를 쉽게 하거나 그 발견을 곤란하게 할 우려

　　나 계약, 교섭 또는 쟁송에 관련된 사무에 관하여 국가, 독립행정법인 등, 지방공공단체 또는 지방독립행정법인의 재산상의 이익 또는 당사자로서의 지위를 부당하게 해할 우려

　　다 조사연구에 관련된 사무에 관하여 그 공정하고 능률적인 수행을 부당하게 저해할 우려

　　라 인사관리에 관련된 사무에 관하여 공정하고 원활한 인사의 확보에 지장을 줄 우려

　　마 독립행정법인 등, 지방공공단체가 경영하는 기업 또는 지방독립행정법인에 관련된 사업에 관하여 그 기업경영상의 정당한 이익을 해할 우려

제10조(공개결정 등의 기한)　앞의 조 각 항의 결정(이하「공개결정 등」이라 한다)은 공개청구가 있는 날부터 30일 이내에 해야 한다. [생략]

2 앞의 항의 규정에도 불구하고 행정기관의 장은 사무처리상 곤란하

거나 기타 정당한 이유가 있을 때에는 같은 항에서 규정하는 기간을 30일 이내에 한하여 연장할 수가 있다. 이 경우에 행정기관의 장은 공개청구자에게 지체없이 연장 후의 기간 및 연장이유를 서면으로 통지해야 한다.

제11조(공개결정 등이 기한의 특례) 공개청구에 관련된 행정문서가 현저히 대량이기 때문에 공개청구가 있는 날부터 60일 이내에 그 모두에 대하여 공개결정 등을 하기에는 사무수행에 심각한 지장이 발생할 우려가 있는 경우에는 앞의 조의 규정에도 불구하고 행정기관의 장은 공개청구에 관련된 행정문서 중에서 상당한 부분에 대하여 해당 기간 내에 공개결정 등을 하고, 나머지 행정문서에 대해서는 상당한 기간 내에 공개결정을 하면 된다. [생략]

제3장 불복신청 등

제18조(심사회의 자문) 공개결정 등에 대하여 행정불복심사법(1962년 법률 제160호)에 의한 불복심청이 있는 때는 해당 불복신청에 대한 결재 또는 결정을 해야 하는 행정기관의 장은 다음 각 호의 어느 하나에 해당하는 경우를 제외하고 정보공개 · 개인정보보호심사회(불복신청에 대한 결재 또는 결정을 해야 하는 행정기관의 장이 회계검사원의 장인 경우에는 별도로 법률에서 정한 심사회)에 자문을 구해야 한다. [생략]

제4장 보칙

제23조(시행상황의 공표) 총무대신은 행정기관의 장에게 이 법률의
    시행상황에 대하여 보고를 요구할 수가 있다.
2   총무대신은 매년 앞의 항의 보고를 취합정리하여 그 개요를 공표하
    는 것으로 한다.

저자소개

구보 도루(久保 亨)

1953년 도쿄 출생. 히토쓰바시(一橋)대학 대학원, 도쿄대학 동양문화연구
소 조교와 신슈(信州)대학 문학부 교수를 거쳐 현재 신슈대학 특임교수.
중국근현대사 전공. 저서로『사회주의로의 도전 1945-1971〈시리즈 중국
근현대사4)』(岩波新書, 한국어판은 삼천리출판사에서 2013년『중국근현
대사 4−사회주의를 향한 도전, 1945-1971』으로 출간) 등이 있음.

세바타 하지메(瀨畑 源)

1976년 도쿄 출생. 히토쓰바시(一橋)대학 대학원 사회학연구과 특임강사,
나가노현단기대학(長野県短期大學) 준교수를 거쳐 세이죠대학 비상근강
사로 재직. 히토쓰바시(一橋)대학 박사(사회학). 일본근현대정치사 전공.
저서로『공문서를 사용하자−공문서관리 제도와 역사연구』(靑弓社)가 있음.

역자소개

남경호

한국외국어대학교 중국어 · 일본어 전공
명지대학교 기록과학전문대학원 석사 · 박사(수료)
한남대학교 대학원 기록관리학과 강사

현) 국가보훈처 기록연구사
한국기록전문가협회 공동운영위원장
국가기록관리위원회 산하 기록관 혁신 전문위원회 전문위원
세종청사 기록관리 담당자 대표

주요논문
「시사만화의 기록학적 관리방법론」
「일본의 공문서관리법 시행에 따른 기록관리 체제 검토」
「한국 공공기록관리의 쟁점과 전망」(공저)
「세종시 이전 중앙행정기관의 기록관 운영 방안 검토」
「일본의 비밀기록관리 체제에 대한 연구」
「4차 산업혁명 시대에서의 국가기록관리 현실과 전망」